明るく生きるための鍵

徳久克己

日本教文社

はしがき

毎月、白鳩誌に「一口コメント」として、長い間書かして戴いた、短文が一つの本となって、出版されることになりましたので、私にとっては、誠に嬉しいことです。毎月一つの内容を与えられて、それに、その時に、思い浮かんだ、真理を、私なりに書かしていただきました。理屈ではなく、自分の体験をとおして、身をもって、体験したことです。生長の家に入信して、もう六十年近くになりますので、一つ一つが、とても懐かしい思い出です。『生命の實相』を拝読して、その真理を、実際に応用するのは、本当に楽しいものです。真理は、いくら頭で知っても、実行しなければ、少しの価値もありません。実行してみて、本当の価値がわかるのです。

私は医者をしながら、患者の治療にも、自分の生活にも、応用してみて、生長の家の教えの、「本当のすばらしさ」を知りました。私は、今こそ生長の家の真理を実行する、チャンスが与えられたのだ、と信じて切り抜けてきました。真理を実行すれば、自分の人生が、本当に素晴らしく、生き甲斐を与えてくれます。

この本を出版するにあたって、色々のお世話をしてくださいました、日本教文社の皆様、特に、海野真理子さんに心から御礼を申しあげます。

平成十二年七月

徳　久　克　己

明るく生きるための鍵　目次

第四章　新しく生れる

第一章　「愛」を生きるための鍵

女性の天分

愛を実践する

「女性の天分は愛であります」

『生命の實相』（生長の家創始者・谷口雅春著、全四十巻、日本教文社刊）第十六巻の135頁には、こう書かれてあります。

「女性というと、まず思い浮かべるのは、自分の『お母さん』です。母親の胸に抱かれて育てられた思い出は、心の底深くに刻みこまれていて、いくつになっても忘れられないものです。

私は母には随分キビシク育てられました。でも私の心には、母の無条件の暖かい愛だけが残っています。」

『生命の實相』には、続いてこう書かれてあります。

「柔かさと温《あたた》かさと赦《ゆる》しと抱擁《ほうよう》と羽含《はぐく》みとであります。この天分を十二分に発揮しましてこそ柔かく温かく光明に満ちた家庭を造ることができるのであります。『愛は癒す』ということが『生命の實相』に書いてあります。男性の心の傷も夫人の『愛』によってのみ完全に癒すことができるのであります。愛は鶏が卵を抱いた姿であります。ふうわりと柔かい――これがなければなりません。表情も柔かくなることが必要であります」

ここを拝読して、私は本当に反省させられました。ここでは、女性の天分について書かれてありますが、さらに「人間は神の子である」、また「神は愛なり」とも教えられています。

男性だって「神の子」であり、「愛の子」なのですから、表現は違っていても、やはり愛を生きなければなりません。しかし、私にはとても、このように愛を生活に実践することができませんでした。

良いところを探してほめる

どうしたらよいのか、私は真剣に考えました。『生命の實相』を読み続けていると、第一巻の20頁に、

「人を咎《とが》むべきことあれば、その人を咎めず、かえって誉《ほ》むべき点をさがし出して賞《ほ》めよ」

とありました。その時私は医者をしていましたが、医者というのは、他人の悪いところを探して、それを治すのが仕事です。ですから、人の良いところを見て誉めるという習慣は、全くありませんでした。

医者をしていて、患者の良いところばかり探し出して誉めていては、仕事にならない、トンデモナイことだと、はじめは思っていたのです。

しかし待てよ、と思いました。『生命の實相』の教えを実行できなくて、何のために『生命の實相』を読むのか、そう思い、何ヵ月も考えました。

そして私が気が付いたことは、病人だって生きているのだから、悪いところばかりではなく、良いところもあるはずだということでした。

これは、私の医者としての仕事に大きな変化を与えてくれました。良いところがあるはずだという気持で、患者を診察するようになったのです。

「誉むべき点をさがし出して賞めよ」という、この「さがし出す」ことの大切さに、私ははじめて気付きました。

それからは、患者の良いところ、健康なところは、どんどん誉めるようにしました。すると、患者はとても喜んで、治るのも早くなりました。

胃の悪い人は、身体全体が胃になったように心配しますが、「胃は悪いけど、心臓も肺も良いですよ」と言いますと、患者はとても明るくなります。

「誉むべき点をさがし出して賞める」

その教えを診察に実践するようになって、私自身の運命も性格もよくなりました。

女性も、その天分を実践することによって、必ず幸せになります。

すばらしい子育て

感動的な母の顔

動物の親が、子どもを育てているのをテレビなどで見て、私は感動して、よく涙をこぼします。巣づくりからはじまって、子どもができてからの、親の子にたいしての愛撫の仕方や、敵がきた時に、自分の命をかけて子をまもる姿など見ますと、なんとも言えない尊いものを感じます。

動物ですら、親の子にたいする愛は、まことに感動的なのですから、人間の親の子にたいする愛は、もっともっと尊い感動的なものがたくさんあります。

私は、産婦人科の医者をしていましたので、母の子にたいする感動的な愛を、たくさん見せられました。自分の生んだ子をはじめて見た時の母の顔は、なんとも言えない愛にみちあふれた、尊く美しい顔です。いつも「こんなお母さんの顔を、子どもに見せたい」と思いました。母になった女性は、本当に美しいのです。

これは、女性でなければできない、子どもという新しい生命をこの世に生み出す、尊い使命をはたした喜びが、思わず顔に現れるのだと思います。私はいつも、お母さんになった女性に、心から祝福と感謝のコトバを、言わずにはいられませんでした。

女性にしかできないこと!

とにかく、物や金をつくるのではなく、新しい生命をつくるのは、女性しかできないのです。いくら金をつんでも、どんなに科学が進んでも、この世で最高に尊い生命である生きた人間をつくることができるのは、女性だけなのです。

わずかハクボクのコナのひとつぐらいの、目に見えないような小さい卵子を、三〇〇〇グラムもあるような赤ちゃんに、お腹のなかで育てるというスバラシイ仕事は、女性にしかできないのです。

その赤ちゃんが、この世にでてきて、それを一人前の人間に育てるのは、両親の仕事ですが、何もできない、ほっておけば死んでしまう赤ちゃんに、乳をあたえ、フロにいれ、オムツをかえて、とにかく、歩けるような子どもにするまでの子育ては、母の深い深い愛がなければ、できないことです。

上手下手はともかくとして、母の世話がなければ、赤子は生きてゆけないのです。

母の愛があってこそ

ですから子育ては、一人の人間の生命を生かすための世話をするのですから、大変な仕事です。医者や看護婦が、ほっておけば死ぬような病人を看護するのと同じような、責任のある仕事です。

それを母は、なんの報酬ももとめず、喜んでするのですから、愛以外の何ものでもありません。本当にスバラシイことです。

そんなふうにして育てられていても、子どもは（私もそうでしたが）、自分ひとりで育ったように思っています。それでも母は、自分の子どもが立派になることのみを心から願い、ひたすら愛をそそぎます。

私は、産婦人科の医者になりまして、たくさんのお産を取り扱い、そして子育ての相談をうけて、母の愛がだんだんわかってきましたが、さらに生長の家の教えにふれてからは、母に対する感謝が、心の底から湧いてきました。そして、自分が幸せであることに、感謝しました。

愛や感謝は、理屈ではありません。子育てはまず、母の胎内からはじまりますが、それから学校へ行けるようになり、社会人になるまで、親の、特に母の、なみなみならぬ愛がなければできないことです。

子育ては、女性の持つ神聖なスバラシイ仕事なのです。

子どもとイッショに

医学書にはない指導

子どもを育てることは、親にとってとても大変なことですが、考えようによっては、こんなに楽しく、生きがいのあることはありません。なんといっても、自分たちの愛の結晶として、生きた人間が与えられたのですから。金や物とは比べものにならない、最高の宝を与えられることは、この上ない喜びです。

私は、はじめて子どもができた時は、中国の東北地方にいました。私と妻との二人きりの生活でしたから、まわりに経験のある年寄りはいなくて、妻と二人で、ナンデモ解決しなければなりませんでした。それで、生長の家の教えにしたがって、子どもを教育しよう、と決心して、谷口雅春先生の著書の中から、子どもの教育について書いておられる本を、探しました。

ちょうど、その当時から発行されていました、『光明道中記』（日本教文社刊）がふさわしいと思いましたので、これを育児の手本として、妻と二人で、真剣に拝読しました。

この本の中で、谷口雅春先生は、生まれてから一年くらいの間の、一番むずかしい時期の育児について、生長の家の教えに従って、くわしく指導しておられます。医者として学んだ育児の本より、子どもを鋭く観察して、それに従って、どのようにすればよいかを、指導しておられます。

医学書は、病気になったらどうするか、ということが主に書かれていますので、子どもの性格を良くするには、というような、子どもの心の形成に役に立つことは、書いてありません。しかし、谷口先生の本には、子どもの良い人格をつくるための指導が書かれてありますので、私たち夫婦は、真剣に学ばせていただきました。

繰り返し読んでいきますと、子どものいない時に読んでも、全然気がつかなかったことに、いろいろ気づくことが多く、また、後で考えてみますと、子どもの年齢に応じて、新しく教えられたりもしました。

医学書には教えていない、真理に従っての指導ですから、それを頼りに、子どもを指導できました。

〝教えること〟は〝教えられること〟

子どもができてからの私は、道を歩いても、自分の子どもと同じ年ぐらいの子どもが、とても目につきました。そして、自分の子どもと比較してみたりしました。

これは、よく考えてみますと、結局、自分に子どもができたので、それだけ、視野がひろがっているのです。つまり、子どもを教育していると、自惚《うぬぼ》れていた私は、子どもが生まれたことによって、自分が教育されていたのです。

そして、子どものことに気をつかってみて、はじめて、自分一人で大きくなったと思っていたのが、親のお蔭で一人前になったのだ、とツクヅク教えられたのです。

昔から言われている、「子をもって知る親の恩」ということわざを、ヒシヒシと教えられました。

そればかりではなく、私が一番感謝していることは、子どもを教育するために、生長の家の本を真剣に読んだことです。そのお蔭で、私自身が生長の家の教えを、それまで以上に、深く理解することができました。よい子どもに育てよう、という気持が、私を勉強させたのです。

「教えることは、教えられることだ」といいますが、そのとおりです。もし、子どもがいなかったら、今の私はなかったのだ、と子どもに感謝しています。

教育は「信じる」ことからはじまる

自己限定を取りはらう

子どもでも、大人でも、自分でも、教育するためには、まず教育しようとする相手を信じることから、はじまります。自分の子どもに英語をならわせようと思うことは、英語をならわせたらきっと英語をおぼえる、と信じなかったら、教える気になりません。たとえば、皆様の家に犬をかっていましても、犬に英語をならわせようとは、思わないでしょう。それは、犬にいくら英語を習わせても、ワンとは言いますが、ツウ、スリー、とは言わないからです。

最初から見込みがなければ、教える気にはなりません。子どもを学校に行かせるのは、子どもは学校に行けば、学校の授業を受けて、おぼえることができる、と信じているからこそ行かせるのです。

ですから、教育は、まず「信じる」ことからはじまるのです。そして、教育をうける人も、また、自分は教育をうければ、必ずできるようになる、と信じることが、とても大切なのです。

「生長の家」では、「人間は神の子である」と言います。私は、はじめの頃は、その意味がよく理解できませんでした。しかし、ずっと読んでゆくうちに、神の子ということは、

「人間は、無限の可能性を持っているのだ」

ということであると、教えられました。それなら、私だって「無限の可能性」を持っているはずだ、と思いまして、私の人生に希望がふくらんで来ました。

「私には、もうこれだけしか能力がない」とあきらめるか、「私だって、できる能力があるのだ」と自分を信じるかで、その人の運命は変ります。

誰だって、自分にはそんなことをする能力はない、とあきらめたら、もうやる気

はおこりません。能力があるのに、自分で勝手にナイと思い込んでいて、出さないだけなのですから、それを自己限定と言うのです。能力がなくて出せないのではなく、能力はあるのに出さないのです。本人にとって、こんな残念なことはありません。大体、能力は目に見えませんから、本人が、「私には能力がある」と気がつき、それを信じて、出す努力をしないと、出せません。

このように考えますと、子供の目に見えない能力を親が信じ、子どもにも、「私には、すばらしい能力がある」と信じさせることから、教育が始まるのです。

「コトバの力」の活用

これは、職場で部下の能力を引き出すのも、同じです。生長の家は、教育は、無いものに押し込むのではなく、既にあるものを引き出すのである、と教えています。まず、「あなたは、能力をもっている」と繰り返し繰り返し声にだして、言い続けますと、聞いているうちに、「自分だって、やればできるのだな」という気になり、自覚がはじまり、そして、本気にやる意欲がわいてくるのです。そうすれば、「やろう」という努力をはじめて、だんだんと、力がでてくると楽しくなり、潜んでいた能力が出てきます。そして、「自分だって出来る」と信じるようになり、ますます能力を発揮します。

子どもだけではなく、大人でも同じことで、自分で気がつかなかった能力を引き出してもらうために、なんでも習いにゆくのです。習字、華道、民謡、などでも、先生に、自分の中にある能力を引き出してもらうために、習いにゆくのです。私も、還暦をすぎてから、習字を習い、八十歳からコンピューターをはじめました。

子どもの「しあわせ」のために

こどもの「しあわせ」を願わない親はいない

私は、二十九歳のとき病気になり、母から勧められて『生命の實相』を読みました。そして、「親への感謝の大切さ」を学びました。それからは、自分なりに両親に感謝してきたつもりでいました。

しかし子どもをもち、育てていくうちに、「親というものは、こんなにもわが子のしあわせを願うものなのか」と痛感し、「私は、本当の意味で親のありがたさを知らなかった」としみじみ思いました。改めて心の底から、両親への感謝の想いが湧いてきたものです。

子どもの「しあわせ」を願わない親はいない――このことは、誰もが、自分が親になったとき、知るのでしょう。

親の希望と子どもの夢

子どもを「しあわせ」にするためには、どう行動すればよいのでしょうか。その答えもまた、私は『生命の實相』によって教えられました。

子どもというものは、幼くとも夢をもっているものです。親は親で、「子どもにこうなってもらいたい」という希望をもちます。親と子の、両方の夢が一致すれば幸福なのですが、それが違ってしまった時に、さまざまな問題が起こったりします。

こうしたとき、話し合い、歩み寄る努力をすることができればいいのですが、真剣であればあるほど、「自分は正しい」と、お互いに一歩も譲らなかったりするものです。

たとえば、親がお金で苦労した経験をもっていると、「わが子にはお金の苦労をさせたくない」と思うでしょう。しかし、子どもはお金には無関係な夢をもちます。

子ども時代にもつ夢は、物質的な欲望からではない、純粋な夢です。そしてそれは、一生つづくこともあります。親は自分の経験を通して、子どもを「しあわせ」にするために教育しようとします。しかし、子どもは自分の純粋な夢を実現するために、親の勧めるのとは違う道を選ぼうとします。そこにすれ違いが生じるのです。

使命を全うする道を教える

こんなとき大切なことは、一度冷静になり、「人間の『しあわせ』とは何か」ということを考えてみることです。

『生命の實相』では、人間の「しあわせ」について、あらゆる方面から教えています。その中でも、第三十七巻に、

「幸福であるためには『愛』の心を持たなければならない。『愛』の心を持つとき、そこがすなわち天国である」

とあるように、愛がなければ、どんなに物質に恵まれた生活をしても、そこに「しあわせ」はないことを知らなければなりません。

私は、生長の家講師となり、多くの人を指導する立場になりました。すると、物質的にはとても恵まれているのに、それが悩みの種となっている例が多いことに驚いたのです。正しい愛を知り、実行しなければ、本当の幸福にはなれないのだ、と実感しました。

「常に人のためになる仕事、常に世のためになる仕事、たゆみなくかかる仕事に従事している人には魂の喜びが伴う。仕事が無上の喜びとなり、仕事の中に休息と慰安とがある」（同三十七巻）

子どもを「しあわせ」にするには、愛に満ちた、世のため人のためになる心をもった人間に育てることです。人はみな、その人でなければできない使命があるからこそ、生まれてくるのです。それを果たすことが、一番の「しあわせ」です。それを正しく教えることが、親として最も大切なことです。

夫は妻を、妻は夫を、

家庭の役割

「子育て」といいますと、親は自分のことを忘れて、子どものことだけを考えがちです。しかし、同じ家庭の中で一緒に生活しながら子育てをするのですから、親の生活が子どもに強く影響することをしっかりと反省しませんと、良い子どもに教育することはできません。

教育の根本は、自分と一緒にいる人の真似をすることからはじまります。学校の成績だけではなく、素晴らしい人格を形成することが最も大切なことで、それには家庭が一番重要な場所となります。

親は割合に気がついていませんが、子どもの言葉遣いや性格などは、殆ど家庭で教育がなされているのです。ですから、夫婦が調和した生活をしていますと、子どもは、自然にその感化を受けて穏やかな言葉遣い、性格になります。これは、日常生活の中から自然に親の雰囲気を受けているためです。言葉でヤカマシク言ったり、体罰を加えたりするのではなく、一つの家庭の雰囲気が、そのまま子どもにしみこむ。これこそが本当の教育であります。

親が変わると子どもも変わる

私は、昭和二十三年から練成道場を引き受けて責任をもち、多くの青年を扱ってきました。練成会を受け、よくなって家に帰っても、またすぐに悪くなるような場合には、子どもではなく親御さんにも練成会を受けて貰いますと、必ず子どもがよくなるという経験をしました。

問題を抱えた親子には、「自由、自由」といって子どもをあまりに放置しすぎた場合と、親の思う通りにしようと強く強制しすぎた場合が多いように思われました。

子どもがどんな状態にあっても、親が変わると子どもは変わります。それは、私自身が『生命の實相』を拝読して教えられたことです。「愛しているから」といって、子どもを自分の思う「ワク」の中に押し込めようとするのは、愛ではないということを教えられました。練成会が終わるたびに、本当に練成されたのは私だったとつくづく思い知らされました。

「罪とは何であるかというと、實相を包み隠すものを『包み』すなわちツミであるというのであります」（『生命の實相』第二十九巻）

と教えられております。練成会を始める時に、「練成とはどうすればよいのでしょうか」と谷口雅春先生にお尋ねしたところ、先生はいとも簡単に、

「来る人、一人ひとりを神の子として拝みなさい」

と教えて下さり、この言葉をいつも思い出して、練成会を続けてきましたが、どんな人をも心から拝む、ということの難しさを教えられました。それは結局、私自身の訓練であったのです。

家族の一人ひとりを拝む

夫が妻を拝み、妻が夫を拝み、親が子どもを拝む。これが子育ての根本精神であったのです。どんな人も、その人でなければ果たせない使命をもって生まれてきているのです。表面上をみれば色々ありましても、その人の奥にある実相（神がつくられたままの相）を拝む。これが、私たち生長の家を信ずる一人ひとりの使命です。そこから、生長の家の生活がはじまるのです。

練成会を続けさせて戴いて、少しずつですが、私は人を拝む心を教えられました。そして、他人を拝むことよりも、家族の一人ひとりを拝むことの方が、もっと難しいことを知りました。繰り返し『生命の實相』を拝読するうちに、相手の美点を探すことにおおいに努力して、少しずつ拝めるようになりまして、自分自身が楽になりました。

愛を実現するには

「愛」は生命の糧

母親が子どもに愛を与えず、放っておいたら、その子どもは死んでしまいます。子どもばかりか、大人であっても、「誰も自分を愛してくれていない」と思ったら、死んでしまいたくなるものです。

『生命の實相』第一巻に、

「吾等は生命の糧《かて》は愛にして、祈りと愛語と讃嘆とは愛を実現する言葉の創化力なりと信ず」（18頁）

とあるように、「愛」は生命の食糧であり、人は「愛」がないと生きていけないのです。

「祈り」と「愛語」と「讃嘆」を実行すれば……

では、どうすれば「愛」を実現することができるでしょうか。

その答えは、この文章の中に、ハッキリと書かれています。すなわち、「祈り」と「愛語」と「讃嘆」の三つを実行することです。

「祈り」とは、相手を「神の子である」と、心の底深くから念じ続けることです。

「愛語」は、「やさしい言葉」です。

「讃嘆」は、「ほめる」ことです。

私は、妻や友人、周囲の人々の欠点ばかりを見て咎めていたのです。「人の短所を正してあげるのが、愛だ」と思っていたからです。

ところが生長の家では、

「愛がいかに深くとも、愛の心で批《う》つばかりで、讃嘆《ほめことば》がこれにともなわなければ、人間は善くなりにくいのであります。愛語《やさしいことば》も讃嘆《ほめことば》も『言葉の力』であって、善を造る力なのであります」（同20～21頁）と、教えています。

また、スター・デーリーの書、『愛は刑よりも強し』（新選谷口雅春法話集10、日本教文社刊）には、

「人が人の弱点に触れることなく愛すると云うことは最大の愛である」（16頁）とあります。

こうした生長の家の教えを知って、私は、「人の欠点は見ないで、美点のみを見て賞めよう。それが本当の『愛』だ」と悟りました。そして、「周囲の人々すべてを『神の子』と考えて祈り、やさしい言葉で讃嘆することを実行しよう」と決心したのです。

長所が現われ欠点が消える

しかし、私はそれまで、一度も人の賞めるべきところを探したことなどありませんでした。なかなか人の善いところを見つけられず、とても苦労したことを覚えています。けれども、「どんなに悪く見える人でも、一つくらいは善いところがある

はずだ」と、諦《あきら》めずに一所懸命に探しました。すると、誰にでも必ず善いところがあることに、気がつくようになりました。

更に、言葉や態度に出して賞《ほ》めることは、私にとって並々ならぬ努力が必要でした。が、実行していくうちに、不思議なことに、賞められた人の善いところがどんどん現れるようになり、悪いところが消えてしまったのです。

このことから私は、

「真理は、教えられたら理屈をいわずに実行すればよいのだ」

と知りました。

皆さんは病院に行ったとき、薬をもらったら飲むでしょう。真理は人生の最高の薬です。病院でもらう薬と同じように、教えられたらすぐに実行することが大切です。

本当の愛を知れば

「好き」と「愛」の区別

『生命の實相』を読みまして、私は、「愛する」ということと、「好きだ」ということを、混同していたことを、ハッキリと教えられました。

このことを知るまでは、私がこんなに愛しているのに、相手が自分の愛をわかってくれずに、裏切られた、などと相手を恨むことが、度々ありました。しかし『生命の實相』を読んで、私は、相手をただ好きであっただけで、愛していたのではなかった、とわかりました。

谷口雅春先生の著書、『新版　真理』（日本教文社刊）第二巻201頁に、「『好き』は

られます。

『愛』の仮面《かめん》を被《かぶ》ったニセ物である」と題して、「好き」と「愛」の区別を教えてお

「『好き』は自分の快感のために相手を犠牲にします。愛は、自分の快感のためよりも相手の幸福のために自分を献《ささ》げます。愛には永久の赦《ゆる》しが伴《ともな》わねばなりません。愛は相手の喜びを喜びとするのです」

『新版　真理』第八巻の208頁にも、「『愛する』と『好き』とは異なる」ということを、ハッキリと教えておられます。

林檎《りんご》が好きと言って、貪《むさぼ》り食《く》って、芯と種とを、捨ててしまうように、女を好きと言って、その女の貞操を貪り食って、そのあとの肉体を、無惨にも捨ててしまう男もある、と。

「愛は、自分の快感のためよりも相手の幸福のために自分を献げます」

という教えが、ズキンと私の心にこたえました。それまでの私は、いつも自分を中心に、すべてのことを考えて、行動していました。そのことを、強く強く、反省させられました。

「愛には永久の赦しが伴わなければなりません」

こんなことは、今まで、考えたこともありませんでした。

愛は自他一体の自覚

『生命の實相』を読ませていただいて、

「愛とは、自他一体の自覚である」

と教えられました。そして仏教では、愛のことを、慈悲喜捨《じひきしゃ》の四無量心として、教えていることを知りました。


人が苦しんでいるのを苦しまないようにしてあげたいという「慈の心」、人の悲しみを自分の悲しみとする「悲の心」、人の喜びを自分の喜びとする「喜の心」、そして、すべてを自分のものとして執着することのない「捨の心」、これが本当の愛であると教えられました。これを知的に分ることは、難しくありませんが、実際に行なうことは、相当に心の訓練が必要であります。私は、練成会を指導する立場におかれまして、この訓練を、させていただきました。人を練成する立場におかれて、自分が、いちばん練成されました。

愛の実現

私はまた、谷口雅春先生著の『愛は刑よりも強し』という本を拝読して、愛の深い深い意味、そして愛の実現について、教えられました。特に、その本の16頁に、「人が人の弱点に触《ふ》れることなく愛するということは最大の愛である」と教えておられることに、身震いするような、感動を受けました。それまでは、人の欠点や、人の弱点を探し出して、それを直してやろうと、きつく注意して、相手を愛しているからこうするのだ、と思っていました。しかし、それは本当の愛ではなかったのだと知り、冷や汗が出る思いでした。結局、愛しているつもりで、相手を苦しめていたのです。

本当の愛を知れば、すばらしい人生が実現します。

「愛」を生きるための鍵

「させて戴いた」という気持が大切

若い時から、私は、いわゆる「世話ずき」で、よく人の世話をしていました。しかし、なぜか世話をした人から嫌われるようになるのです。その度に、「もう、絶対に人の世話なんかしないぞ」と決心するのですが、しばらくすると、また他人の世話をしては嫌われる――ということを繰り返していました。

「こんなに人を愛し、世話をしているのに嫌われるなんて、こんなバカバカしいことはない。誰も私の気持をわかってくれないのだ」と思い込んでいました。ところが、『生命の實相』を読むようになって、その理由がわかったのです。

『生命の實相』第二十二巻に、

「愛せよ、少しも求めずに愛せよ。これが愛の秘訣である」(39頁)と、あります。この言葉に、私はハッと気がつきました。「今までの私は、『世話をしてあげたのだ』と、恩にきせる気持を持っていた」と……。相手が悪いのではなく、自分の心の持ち方が間違っていたのです。それからは、「してあげた」ではなく、「させて戴いた」と思えるようになり、とても気が楽になりました。すると、世話をした人から嫌われることもなくなったのです。

「真の愛は、『好き』ではありません。『好き』は執着し、貪り喰い、ついに『愛している』と称する相手を苦しめ傷つけることになるのです。真の愛は執着しません。真の愛は却って相手を放って『自由』にするのです。真の愛は嫉妬しません。真の愛は怒りません。真の愛は独占を好みません。真の愛はどんなときにも相手の幸福を祈るのです」(『新版　真理』第二巻208頁)

「祈り」「愛語」「讃嘆」を実践する

「七つの光明宣言」の第四条（『生命の實相』第一巻18頁）に、

「吾等は生命の糧は愛にして、祈りと愛語と讃嘆とは愛を実現する言葉の創化力なりと信ず」

と、あります。ここに愛を実現する――つまり、「愛を生きる」ための鍵があります。すなわち、次の三つを実践すれば良いのです。

一、どんな人のことでも、「あなたは神の子で、すばらしい」と、祈る。

二、愛語――優《やさ》しい言葉――を使う。

特に、家族の間で優しい言葉を使うことが大切です。子どもに、夫に、できるだけ優しい言葉で話しかける習慣をつけましょう。親子や夫婦は、毎日一緒にいる最も身近な存在です。遠慮がありませんし甘えもありますから、つい乱暴な言葉が多くなりがちです。しかし、たいていの問題は、お互いに優しい言葉を使うようにすれば、殆ど解決するのです。「あんな良い人が、どうして嫌われるのだろう」というような人は、たいてい言葉の使い方がヘタです。「悪い」のではなく、「ヘタ」なのです。よく、「私は気はいいんだけど、口が悪いから」などと自慢そうに言う人がありますが、『生命の實相』には、「気が良ければ、口も良くないといけない」ということが、ハッキリと教えられています。

三、讃嘆――賞《ほ》めること。

実はこれが、一番難しいことなのです。『生命の實相』では、「捜《さが》し出して賞《ほ》めよ」と教えています。私たちは、「良いことは当り前だ」と思う癖がついているものです。ですから、賞めるためには、捜し出す努力が必要なのです。探してごらんなさい。いくらでも賞めるところを発見できます。

お互いに賞め合える世界こそ、極楽です。愛を生き、実践すれば、極楽、天国がすぐ現れてきます。

家庭を誉め言葉で満たしましょう

人を咎める前に誉めてみましょう

生長の家の教えに触れる前の私は、とにかく相手の悪い所を見て心の中で批判し、場合によっては平気でそれを言葉に出していました。ですから、他人から好かれるはずはなく、嫌われることが多かったのです。どうして私はこんなに嫌われるのかと思っていました。

結婚してからも、家内の悪い所ばかり探してそれを責めていました。今考えますと、そんな私に六十年もの間黙って付いて来てくれた家内の方が、スバラシかったのだとつくづく思います。

生長の家の教えに触れまして、「人を咎むべきことあれば、その人を咎めず、かえって賞むべき点をさがし出して賞めよ」

と、『生命の實相』の第一巻で教えられているのを拝読しまして、初めて自分の欠点に気がつきました。他人に欠点を教えてあげたら、その人は自分の欠点に気がついて直すだろうと思っていた愚《おろ》かさが恥ずかしくなりました。「思うものは現れる」という「心の法則」を教えられて、今までの私の考え方が間違っていたことに気がついたのです。〝そうだ。他人の悪い所を口に出さずに、反対に良い点を探し出して誉めることにしよう！〟と決心しました。

良い点を見つける努力

ところが、それまでの悪い所を探す癖がついていましたので、良い点を探すことが大変難しく、それは本当に苦労しました。

『生命の實相』のなかに、「自分の無いものは、いくらあっても見えない」と教えてありまして、結局、私自身にあまり良い点がなかったので、人の良い点が見えなかったのです。このことに気がついてから、チョットしたことでも良い点を見つける努力をしました。非常に苦しい努力でしたが、その成果が少しずつ現れてきて、医者をしていました私も、患者の良い点を発見できるようになりました。医者をしながら患者の良い点を探すのですからとても難しいのです。

しかし、その難しいことも少しずつできるようになりますと、いつの間にか、家庭においても家内や子供の良い点が見えるようになり、また自然に言葉に出して誉められるようになりました。

おだてるのでもなく、なにか目的があって誉めるのでもなく、何となく誉められるようになりますと、私の周囲はもちろん家庭も明るくなりました。

他人を誉め得る人は幸せになります

悪い点を見て文句を言うよりも、良い点を言葉に出して誉めた方が、家庭の中が明るく楽しく、まるで音楽が聞こえるような快さが満ちてくるものです。職場にしろ、家庭にしろ、何処であっても、誉め言葉が満ちている所は、明るく楽しい所です。

とにかく、自分の周囲にあるものの中で一番大切なものは家庭です。家庭が明るく楽しいと、その人の作り出す雰囲気も明るく楽しくなります。

良い能力を持っていながらも成功できない人というのは、雰囲気の悪い人が多いのです。本人は自分の雰囲気の悪さに気がつかないので、他人が悪いと思いがちですが、自分が明るく楽しくなれば良いのです。自分が変われば必ず周囲も変わります。

周囲の人たちの良いところを探し出して積極的に誉めることのできる人は、周囲を明るくするだけでなく、結局、自分も明るく楽しく幸せになるのです。

本当の愛

理屈ぬきで愛を行じる

『生命の實相』を読んで、私は「本当の愛とは何であるか」ということを教えられました。特に、谷口雅春先生著の『愛は刑よりも強し』を拝読して、とても感動しました。16～17頁に、

「人が人の弱点に触れることなく愛すると云うことは最大の愛である」

「真の宗教なりや否やの最後のテストは、彼が愛に満たされた魂を有《も》っているかどうかの問題である」

とあります。そして、

「汝の宗教が、正しいか否かのテストは、知識や智恵ではない」とハッキリ教えておられます。とかく理屈に走り、それで生長の家の信者であると、自分でうぬぼれていた私は、まるで鉄棒で頭をガンとなぐられたような強いショックを受けました。しかし、悲しいショックではなく、明るい未来への生まれ変わりのようなものでした。

今まで『生命の實相』を読んで、何回も同じようなショックを受けましたが、この時は、特に強く大きなものでした。それから私の人生のすべての面において、確かに変化が起こりました。それまで『生命の實相』を読んでも気づかなかった、「愛」についての教えが、ヒシヒシと身にしみて感じるようになったのです。

「愛語は魂の傷を包んで、その痛みを和らげる」（『叡智の斷片』158頁）

「愛すると云うことは理屈ではない」（『即身成佛の真理』46頁）

「愛は人の内に宿る神を見る」（『新版　真理』第八巻208頁）

今まで、私は聖典の何処を読んでいたのだろうと情けなくなるような思いがして、愛について真剣に勉強しようと決心しました。しかし、それは聖典を拝読すると同時に、身をもって〝行〟によって知らなければなりません。

幸いなことに、私は練成道場の責任者をしていました。道場には、色々な悩みを持った方々が来ていまして、その人達に接することによって学ぶことができました。よく「教えることは、教えられることだ」といいますが、どんなに説教しても、チットモ良くならない人に、愛をもって祈りますと、サッと良くなるのです。理屈ではなく、愛を行じてみることです。

「神のいのち」が湧き出す

「大調和の神示」の最後に、

「われは愛であるから、汝が天地すべてのものと和解したとき其処《そこ》にわれは顕《あらわ》れる」

と示されています。そして、聖経『甘露の法雨』の「神」の項に

「神があらわるれば乃ち

善となり、

義となり、

慈悲となり、
調和おのずから備わり、
一切の生物処を得て争うものなく、
相食むものなく、
病むものなく、
苦しむものなく、
乏しきものなし」
と教えておられます。ですから、愛は文句なしに、「いのち」を最大に生かすものであります。理屈をしばらく忘れて、バカになって、神の愛を無条件に行じてみることです。そうすれば、「神のいのち」が湧き出してきます。
私は、谷口雅春先生から、
「バカじゃダメだ。大バカになれ」
と教えられたことがありますが、最近になって、ようやくその真の意味が少しわかるような気がします。

第二章　家庭を輝かすには

まず自分が輝けば

笑うのは人間だけ

昭和十六年に、私が生長の家にふれまして、一番感動しましたのは、「人間は神の子である」とはっきり教えられたことと、「明るいことが最高の美徳である」と教えられたことです。

それまで私は、自分をツマラナイ人間である、と思いこんでいましたので、神の子であると教えられて、驚くと同時にとても嬉しかったのです。

医者、特に私は産婦人科の医者で、女性を裸にして診察しますので、教授から、診察する時には笑ったらいけない、と産婦人科の医者の心得を教えられていました。

ですから、どうしても笑わない癖がつきまして、明るくなれなかったのです。

ところが、「生きとし生けるものの中で、笑うのは人間だけで、笑うということは、人間の特権である。もし笑わなければ、犬猫と同じである」と谷口雅春先生の御本に書いてあるのを読みまして、私は今まで犬猫なみだったと思い、母から鏡をかりて、笑いの練習をしました。約一ヵ月かかって、ようやく笑えるようになりました。

女性が明るく照り輝けば

それから、私の運命がすっかり変わりまして、とても明るくなりました。そして、仕事場では笑わなくても、家庭はまた別だと気がつきまして、私が変わると、妻も明るくなりました。産婦人科の専門の医者であったのに、子供ができませんでしたのが、結婚八年目に子供ができました。

谷口雅春先生は、「女は、愛の太陽だ」と教えておられます。女性が明るく照り輝けば、家庭は天国となり、輝く家庭ができあがるのです。

また、先生は「女性が喜ぶことが、男性の悦びである」とも教えておられます。ですから、家庭を明るく、輝くようにするためには、先ず、女性が悦びを表現することです。

どうも、日本の古い習慣の一つに、喜怒哀楽を顔に現わさない、という習慣があったようで、なるべく無表情であることが、武士の生き方である、と思われていました。

この習慣はずいぶんなくなりましたが、まだ多少残っている所もあります。昔ながらの家庭では、このような教育をうけている人もいますので、まだ婦人の中にも、なかなか笑わない人もいます。

喜怒哀楽を顔に現わさないというのは、とても古い日本の習慣で、続けていては、家庭は明るくなりません。何といっても、明るくなることは、自分が楽しいだけでなく、周囲の人々を明るくするのですから、本当に素晴しいことです。

笑う門には福来る

私たちは、明るい人に会いますと、自分も明るくなりますし、暗い人に会いますと、自分も暗くなります。表情は、伝染するのです。自分が明るくなるということは、周囲の人々を明るくする、素晴しいことなのです。ですから、家庭を輝かすには、先ず自分が輝けばよいのです。

自分が輝けば、家庭全体が輝きます。自分以外の人のことを考えずに、先ず、自分は神の子だから輝くのが当たり前だと信じて、明るく、楽しく、嬉しい毎日を神の子らしく生きることです。「明るさは、明るいことを呼ぶ」のが、「心の法則」です。「笑う門には福来る」というのも、同じです。

私がお産を受け持った婦人の中で、明るい人の家庭には病人が少ないということが、何故かわかりませんでした。しかし、生長の家の教えにふれて、その理由がわかりました。明るくなって輝けば、明るいことしか、やってこないのです。

日々を明るく

生長の家の教えを知ったなら、まず明るくなることが大切です。
「表情を明るくし、心を明るくするということは、あらゆる善行のなかで首位に置かるべきものなのであります」(『生命の實相』第三巻、171頁)
とあるように、谷口雅春先生は、明るく生きることがどれほど大切であるかを、丁寧に教えて下さっています。
しかし、「こんなにイヤなことがあるのに、どうして明るくなれるものか」と思う人もいるでしょう。けれども、自分の心の持ち方を変えれば、いくらでも明るくなることができるのです。

「必ず良くなる」と確信する

かくいう私も、『生命の實相』を知るまでは、どんな事にも暗い面を観るような性格でした。人の欠点ばかり気になったり、何に対しても悪い方へ悪い方へと想像したりして、とても心配性な人間だったのです。医者をしていても、患者がより悪くなることを予想して、患者本人にも心配させるような言葉を使ったりしました。「それが正直な良い医者の取るべき行動だ」と信じていました。

ところが、『生命の實相』を読むと、「光明面をみて暗黒面をみるべからず」と書いてあるので、本当にビックリしました。更に読み進んでいくうちに、私が明るくなれなかった理由が、だんだんとわかってきました。私は、「自分で自分を縛っていた」のです。

『生命の實相』の中では、「どんなに苦しい問題が起こっても、必ずよくなる」ということを、いくつも実例を挙げ、様々な角度から語られています。私は、それを繰り返し拝読し、どんなに「大変なことが起こった」と思うような出来事も、「それを通して、より良い結果が出てくる」と、確信することができるようになっていきました。

問題は、無限力を引き出す練習

私は、学生時代、水泳の選手でした。練習はとても苦しく、つらいものでした。けれども、練習することによって自分の力が出てくるのですから、どんなに苦しい練習でも続けました。

どれほど苦しくてもつらくても、練習しなければ、スポーツは上達しないということは、誰もが知っているでしょう。だから、うまくなりたいと思う人は、練習から逃げたりしないのです。それと同じで、人生における様々な問題は、どんなにイヤなことでも苦しいことでも、その問題にぶつかってこそ、はじめて自分の力が出てくるのです。

そのように考えることができるようになって、私は、どんなことでも明るく、「これで自分の無限力が出てくる。より生長できるのだ」と受け止めることができるようになりました。

「人間は神の子であり、神から与えられた無限の可能性がある」のです。そして、それを出すためには、練習が必要なのです。その練習が、人生の諸問題として与えられているのです。赤ん坊が転び転びして立って歩くことができるようになるのと同じなのです。

「本当に根本的に心が明るくなるには、人間本来、神の子なりという真理を知ることと、人間本来『神の子』なる事実を生きる——すなわち愛を実際の生活にあらわすこととが第一」（『生命の實相』第三巻192頁）

様々に起こる問題は、「神の子の人間に与えられている、無限の可能性を引き出すための練習なのだ」と、明るく受け止め、楽しく暮らしましょう。

明るさは、最大の徳

〝光の子〟なれば……

私は、もう五十年以上も、聖経『甘露の法雨』を、毎日のように拝読しておりましたのに、ウワノソラで拝読していましたから、何年たっても、その深い真理を理解できませんでした。

ところが、『生命の實相』第二十一巻の、〝経典篇『甘露の法雨』講義〟を読みましたとき、「今まで、自分は、『甘露の法雨』のどこを読んでいたのか」と驚きました。講習会で、谷口雅春先生から、

「明るいということが、最大の徳である」

と、何回も御講義を聞いていながら、そのことをよく理解できていませんでした が、『甘露の法雨』の「智慧」の項に、

「人間は光の子にして常に光の中にあれば
暗きを知らず、
躓きを知らず」

と、はっきり教えておられるのを発見したのです。「人間」の項でも、「人間は神より出でたる光なり」と、二ヵ所で、そのように教えておられます。

「人間は光の子である」

犬の子は犬であり、猫の子は猫ですから、光の子は光です。光であれば、本来、明るいのが人間なのだ、と気がつきました。

太陽は、未だかつて曇ったことがない

また、

「太陽は、いつも照り輝いていて、未だかつて、曇ったことがない」

と、谷口先生が話されたのをはじめて聞いた時、ビックリしたことを、今でも思い出します。

〝嵐の日もあれば、雨の日もあり、曇っている日もあるのに〟と、私は思いましたが、しかし、そうではなかったのです。太陽は、いつでも照り輝いているのですが、地上にいる人間が、雨が降っている、嵐である、曇っている、と勝手に思うだけなのです。

それは、地球に、雲があり、風があり、雨があるからで、雲の上の太陽は、未だかつて一度も、曇ったり、雨になったりしたことは無いのです。飛行機で旅をしますと、地上は雨が降っていても、雲の上にあがると、太陽は照り輝いているのが、よくわかります。

これと同じことで、人間が、暗くなったり、悲しくなったり、迷ったりしていても、「神の子・人間」「光の子・人間」は、未だかつて一度も、暗くなったり、悲しくなったり、迷ったりしたことはないのです。

本来の明るさを信じて

人間が、真理を知って素晴しくなるのは、もともと素晴しいからです。ダイヤモンドを磨けば、素晴しい輝きが出るのと同じで、ガラスをいくら磨いても、ダイヤモンドのような素晴しい輝きは、絶対に出てきません。人間だって、明るくなるのは、もともと明るいからなのです。

ですから、今、いろいろと問題があっても、本当は「神の子」であり、「光の子」であると信じ、思えるようになると、人生は明るくなります。

産婦人科の医者をしていた時、生まれたばかりの、何もできない、未知の赤子を抱きしめながら、素晴しい未来を信じ、育てようとする、母の深い明るい愛に、何回も感動させられたことがありました。

すべてに、このような明るい見方ができるのが、〝明るい人生〟です。

「明るい想念」の根本

宗教の使命

『実際宗教の目的は、神の子の完全生活を人生に実現するためであって、これこそ「生長の家」がこの世に出現した使命であります』(『生命の實相』第十七巻45頁)

宗教が嫌いであった私は、医者でありながら自分が病気になって死にかかった時、はじめて「生きる」ということは、自分の力ではどうにもならないことだとシミジミ感じました。そして、「人生とは?」「生きるとは?」「人間とは?」という、それまで考えもしなかった疑問が湧いてきて、そのお蔭で、母から「読みなさい」と言われていた『生命の實相』を読みはじめたのです。

読んでみて、このように宗教の目的をハッキリ教えておられるのに、ビックリしました。

「ここに（と自分の身体を指差して）神の子が生きていることを自覚さすことが『生長の家』の使命であり、本当の宗教の使命であります」と、続いて宗教の使命が明確に示されており、私は、宗教に対する自分の考え方が根本的に間違っていたことを教えられました。

深いよろこび

それまで「自分はツマラナイ人間だ」と思っていましたが、それが、いっぺんに「神の子」になるのですから、嬉しいやら、怖いやら、なんとも言えないトマドイを感じました。本当かな、と疑ったり、いや、谷口雅春先生が言われるのだから間違いない、と信じようとしたりしました。

しかし、心の底の方から、なんとなく「私は神の子だったのだ」という、今まで味わったことのない、深い深い「よろこび」がこみあげてきたのです。

『生命の實相』第二十巻に、谷口雅春先生は、悟られた時の「よろこび」を書いておられます。自分の場合は、とてもあんな深いものではありませんが、なにかしら、自分が生まれかわったような気がしました。

「『生長の家』の信仰に入れば、(中略) 病気が治る、その他悪癖が治る、運命が治る、境遇が治る」(『生命の實相』第十七巻45頁)

と書いておられるとおり、病気は勿論治り、タバコを毎日七十本も吸っていた悪癖が消え、医者をやめて生長の家の講師となり、境遇もすっかりかわり、最もよい方向に進ませていただきました。

「神の子」の自覚

「明るい想念」の根本となるのは、

「私は神の子である」

と自覚することです。その自覚の程度に従って、「明るさ」が変わります。

谷口雅春先生が、講習会で、

「犬の子は犬でしょう。猫の子は猫でしょう、ですから、神の子は神ですよ」と言われたことがあって、私は、その時冷水を浴びせられたように感じたことがあります。「私は神の子である」ということは、「私は神である」ということですから、これはいい加減ではいけない、しっかりしないといけない、と身にしみて感じました。

自分が神なら、不幸になることも、病気になることも、貧乏になることも、不調和になることも、一切ないのだ、と知った時、喜びと感謝と本当の明るさが、心の底の底から湧き出してきました。

感謝と喜びの生活はこうして

天下無敵

『汝ら天地一切のものと和解せよ。天地一切のものとの和解が成立するとき、天地一切のものは汝の味方である』

これは、生長の家の「大調和の神示」の冒頭の言葉です。はじめて拝読した時、私は全身がふるえるようなショックをうけました。天地一切のものが自分の味方になれば、敵は全くなくなるのですから、この世は自分の思う通りになる、ということになります。

つまり、古い言葉でいえば、「天下無敵」ということです。

お互いに争いあって、相手を打ち負かして、敵がなくなるというのではなく、はじめから味方ばかりで敵なんかいない人生は、今まで考えたこともありませんでした。

しかし敵がいないということは、自分の味方、つまり協力してくれる人ばかりですから、争いのない世界であり、本当に楽しい、平和な喜びに満ちた世界です。

ですから、すべてのものと和解することが、自分の人生を、最も幸せにすることなのです。

周囲が変わる

しかし、どうしたら天地一切のものと和解できるかということが、問題です。大調和の神示には、こう書かれてあります。

『感謝し合ったとき本当の和解が成立する』

本当の和解は感謝することにあるのです。

私は、天地一切のものに感謝したこともなく、自分の父母にすら感謝したことがありませんでした。私は生長の家にふれるまでは、何か問題が起ると、みんな相手が悪いからと、責任を全部相手にかけて、自分はいい子になっていました。

大学へ入学できず浪人していた時も、高校の教育が悪いからだと高校の悪口を言っていました。結婚して、家庭がうまくいかなかったら、妻が悪いからと、感謝どころか、むしろ恨み憎んでいたのです。

一切は自分の心の現れであり、自分の心が変われば、相手が変わるということを、『生命の實相』を読んで教えられても、どうしても納得できませんでした。

それでも、繰り返し読んでいるうちに、だんだんと自分の心の間違いに気づくようになりました。

周りに感謝できるようになるまでには、ずいぶんと時間がかかりましたが、自分が変わると、本当に周囲も変わりはじめ、人生が楽しくなりました。

最強者とは

生長の家の「知慧の言葉」のなかに、

「感謝は実に絶大なる力である。それは与えられた事物に対する受身の力だけではなく積極的な創造力である」（『生命の實相』第二十二巻46頁）

とあります。

感謝は、弱者が強者に対してすることだと思っていた私は、感謝こそ最強者にして、はじめてできる積極的な創造力であることを、自分の体験によって教えられました。

感謝できれば、どんな困難も苦しみも必ず乗り切ることができるということを、私は終戦後の満州で体験しました。

ふだんから、〝感謝〟を訓練しておくと、イザという時に役立ちます。

プラスの生活をするには

光が近づく時、闇は消える

生長の家の教えを、知る前までの私は、自分でも嫌になるほど、マイナスの生活をしていました。何か、しようとすると、すぐ失敗したら困るとか、恥ずかしい、という思いが、こみあげてきて、止めてしまうのでした。

しかし、『生命の實相』にふれて、谷口雅春先生の力強い文章を拝読させていただいて、本当に驚くと同時に、「私だって、やれば出来るのだ」と、勇気というか、気力が湧いてきて、なんでもやってみる、プラスの生活にかわりました。

最近、「『完成《なな》の灯台の点灯者』の神示」に、

「光が近付くときすべての暗黒は消える」

と教えておられることが、実感となって、身にしみるようになりました。また聖経『甘露の法雨』の「霊」の項に、

「闇の無を証明するものは光のほかに在らざるなり」

と示しておられることが、今更のように、深い真理として教えられます。何億年前からの闇でも、マッチ一本ともせば、瞬間的に、パッと光が現れます。闇があるのではなく、光が無かっただけなのです。それと同じで、どんなに迷っていても、真理を知れば、迷いは瞬間にして消えるのです。それを「『完成の灯台の点灯者』の神示」のなかに、

「『真理』が近づく時、すべての『迷い』が消える」

と教えておられます。ですから、私たちが、プラスの生活をしようと思えば、光を、真理を、知ればよいのです。

絶対善なる神を信ずる

私が、マイナスの生活をしていましたのは、プラスを見ずに、いつもマイナスばかり見ていたからだと、教えられました。結局、無いものを有ると思っていた、迷いだったのです。生長の家の教えにふれて、絶対善なる神を知り、どんなことが起こっても、必ずよくなる、と信ずることが出来るようになったのです。

簡単に言えば、絶対善なる神を、そのまま信ずることです。もし、マイナスの考えが、浮かんで来たら、「あー、私は神様を忘れていた」と気がつくことです。聖経『續々甘露の法雨』のなかに、

「人間・神の子・本来無限力の実相を自覚して
汝の迷いの念を去るべし」

と教えておられますが、毎日、それを拝読していながら、忘れているのです。だから、私たちは、どんな時にも、

「私は神の子だ。無限力があるのだ。必ずよくなる」と信ずることが出来れば、プラスの生活をすることが出来ます。

神想観でプラスの生活へ

頭でわかったけれど、実行できない方は、しっかり神想観をすることです。神想観は、自分が神の子であり、無限力があることを、自覚するための行ですから、ぜひ実行してください。それがプラスの生活へ、皆様を導く早道です。私も、最初は、神想観が嫌いでしたが、実行しているうちに、神の子の自覚に導かれました。そしてこの頃は、とても楽しく神想観をすることが出来るようになりました。どんな問題が起きても、神様が解決してくださるのですから、心配することはありませんので、とても楽しくプラスの生活をすることが出来るようになりました。

生長の家の神様を、無条件に信じ切れば、必ずプラスの生活になることを、最近、つくづく教えられています。そんなに、難しいことではありません。皆様、どうぞ実行してください。

感謝は幸福をよぶ

何にでも感謝することが大切

「何にでも感謝する」ということはなかなか大変なことです。

私は、生長の家の教えを知る前は、腹を立ててもグッとこらえていました。

ところが「和解の神示」の中には、

「本当の和解は互いに怺え合ったり、我慢し合ったりするのでは得られぬ。（中略）感謝し合ったとき本当の和解が成立する」

と示されています。そこで初めて、「こらえていたのは、間違いだった。とにかく感謝することが大切だ」とわかりました。しかし頭でわかっても、実行するのは難しいことでした。腹を立てることは少なくなりましたが、「何にでも感謝」はできずにいたのです。

声に出して「ありがとう」と言う

ところが、「〝言葉の力〟で感謝ができるようになった」という、ある人の体験談を聞いたのです。

彼は、妻と仲が悪く、いわゆる〝家庭内離婚〟の状態でした。長い間、一軒の家の一階と二階に別れて生活していたのです。けれども生長の家の講師に、「一週間でよいから、何にでも『ありがとう』と言うようにしなさい」と指導されました。「よし、わかった。ただし、家内にだけは言わんぞ」と彼は答え、半ばヤケクソで、電信柱を見ては、「電信柱さん、ありがとう」、靴をぬいだら、「靴さん、ありがとう」――と、やり始めたのです。会社の上司や同僚に笑われても、「約束だから」と、三日間、続けました。すると、何年も口をきかないでいた奥さんの方から、「あなたに、チョットお伺いしたいのですが……」と言葉をかけてきたのです。

「この頃あなたは『ありがたい』『ありがたい』と言っておられるけれど、何がそんなにありがたいのですか。私にも教えてください」

そう言われて、彼は初めて、今まで自分が感謝の気持を忘れていたことに気がついたのです。そして、何年かぶりに夫婦で話し合い、すっかり仲のいい元の夫婦に戻りました。

私は、この話を聞き、「たとえ感謝する気にならなくとも、声に出して『ありがとう』と言おう」と決心しました。

感謝の言葉は家庭の潤滑油

それでも、やはり「ありがとう」と言うことは難しかったのです。特に、いつも一緒にいる家内に、面と向かって「ありがとう」と言うのはテレクサく、たまに言うときは、ドキドキしながら言ったものです。しかし、言えた時は、とても爽やかな気持がしました。

身近な者に、改めて感謝の言葉を口にすることは、難しいものです。しかし、身近な人への感謝の言葉が、自然に出るようになると、誰にでも平気で言えるようになるのです。

家の中が明るいか暗いかは、家族同士で「ありがとう」という言葉が、多いか少ないかによって決まるのです。「それはわかっているけど……」と、おっしゃいますか。でも、わかっていても実行しなければ、医者に薬をもらって飲まないのと同じことです。

感謝の言葉は機械の「油」のようなものですから、この油が切れると、家庭にキシミが出てきます。どんな小さなことにでも、「ありがとう」と言うのを、忘れないで下さい。「相手に『ありがとう』と言ってもらおう」ではだめです。まず自分がはじめてください。それが幸福をよぶのですから。

「であい」と「むすび」

「新しい価値」の創造

人生で、「であい」ということは、まことに不思議な出来事であり、また、とても重大なことであります。偶然のように思える、人と人との「であい」によって、その人の運命が変わってしまうことが多いのです。それは、「であい」によって、人と人とが結ばれるからです。

『生命の實相』の第一巻の19頁には、

「日本惟神の道では『愛』ということを『むすび』というのであります。『むすび』というのは『縁むすび』などの『むすび』などと同じ意味でありまして、愛の結合をいうのであります」

このように教えておられます。

「であい」によって、「むすび」がはじまります。

この「であい」が「むすび」になる過程では、「類は類を呼ぶ」と、「類でないものは反発する」という、二つの「心の法則」によって支配されています。

つまり、いくら「であい」があっても、お互いの心が引きあわないと、「むすび」にはならないのです。

ですから、多くの人とであっても、その中で「むすばれる」人は、ごくわずかな人です。結局、自分と気のあった人とだけ、「むすばれて」ゆくわけです。

日本では、「愛」のことを「むすび」と言ったのですから、「むすばれる」ということは、そこに「愛」、つまり、「自他一体の自覚」が生まれたことで、そこから「新しい価値」が創造されてくるのです。

私の中の「であい」

私は病気をして、『生命の實相』を読むことによって、谷口雅春先生に「であう」こととなり、それまでとは全然違った人生、幸福の道を歩みだしました。

小学校に入学以来、二十五年も学校へ通い、医者としての道を歩んでいたのを捨てて、私は先生の弟子とならせていただきました。

そのときから、それまで、私が考えもしなかった新しい人生が、はじまったのです。

皆さんでも、自分の過去を振り返ってみると、あの人に「であう」ことによって、私の人生が変わったという「であい」が、必ずあるはずです。結婚でも、就職でも、学校でも、その他、色々のことが、「であい」とつながっています。

運命は支配できる

しかし、どんなに多くの「であい」があっても、自分の心が、そのこと、または、その人に惹かれなかったら、「むすび」にはなりません。ですから、「であう」のは偶然のように思えても、「むすび」になるのは、心が引きつけられる、つまり、「類は類を呼ぶ」という「心の法則」によって、運ばれているのです。

運ばれているから、「運命」というのであって、決して偶然ではないと私は教えられました。

「であい」、「むすび」、それによって「新しい価値」が創造されるのですから、どんなものと、また誰とむすばれるかが、自分の運命を決めます。

今までの運命は、今までの自分の心が、「心の法則」によって、呼びよせたものなのです。

このことが理解できますと、自分が心に良いことのみを描いていれば、必ず良い運命がやって来る、ということがハッキリとわかります。

運命は、自分で支配できるのです。

美は調和から

〝美しい〟とは

「意義のある、美しい人生を送りたい」

誰もがそう望んでいると思います。それでは、「美しい人生とは何か」と考えましても、なかなか結論は出てきません。しかし、私は『生命の實相』を読んで、「美とは調和である」

と教えられまして、「美しい」ということは、「調和している」ということなのだと知りました。

音楽だって、美術品だって、人間の生活だって、美しく素晴しいというのは、そこに調和があるからこそだということがわかりました。

人間自身でも、美しいといわれる人は、体も心も調和している人のことなのです。

〝感謝〟の中に〝美〟がある

生長の家で、まず教えられることは、

「汝ら天地一切のものと和解せよ」

という「大調和の神示」であります。生長の家の教えの根本は、「和解」であり「調和」であります。そして、

「感謝し合ったとき本当の和解が成立する」

とハッキリ教えておられます。ですから、「調和のある生活」とは、一切の人に、物に、事に感謝している生活であります。その感謝の心のうちに、私たちは美しさを見いだすのであります。そのことを神示には、

「その感謝の念の中にこそ汝はわが姿を見、わが救を受けるであろう」

と示しておられます。

〝わが姿〟（神の姿）とは、最高の美でありますから、私たちが、感謝の念になった時、最高の美が現れてくるのであります。

でも、そのように教えられましても、現象の世界では、感謝ばかりしていられないことが、たくさんあるように思われます。

「調和のある美しい人生を」と思っていても、難しいのは、苦しいことや悲しいこと、イヤなことなどにぶつかった時、どうして感謝するか調和するか、ということです。

問題に感謝する

私は、生長の家にふれて、五十年を越えますが、振り返ってみますと、困難な問題、苦しかったこと、命にかかわるようなことなどにぶつかった時、そのことから逃げ出してしまいたいと思ったことが、何回もありました。

でも後で考えてみますと、その問題を解決した時は、問題にあう前の私よりも、ぐっと伸びている自分を発見しました。ですから、問題があることによって、自分の魂が伸びるので、苦しい問題にも感謝しないといけないのです。それは、学生の時にうける試験のようなものなのです。

そして、上の学校に入る時ほど、難しい問題が与えられるのと同じように、魂が進歩すればするほど、難しい問題が与えられる、ということがわかりました。そして、いやな苦しい問題を逃げると、必ず同じような問題が、与えられるとも教えられました。

結局、問題は自分の心の現れだから、いくら逃げても、また現れてくるのです。

一流の大学へ入学するためには、難しい試験を、受けなければならないと同じように、一流の、調和ある、美しい人生をおくるためには、難しい人生問題を解決する必要があるのです。

そのことを知りますと、どんな問題でも、そんなに苦ではなくなり、感謝することができます。

家庭の調和

生活に生きる宗教

私は、「宗教は宗教」であり、実生活とは別のもの——と思っていました。ところが、『生命の實相』には、「生活に生きる宗教」と、ハッキリ書かれているのを読んで驚きました。そして、「天地一切のものと和解せよ」「和解とは感謝することである」と教えられて、私のそれまでの考え方が間違っていることを知りました。

『新版　真理』の第二巻には、

「釈尊の仏教とイエスの基督教とに不足せるところのものは、いずれも夫婦生活を煩悩として否定していることであり、教義のうえからは色々に説かれるとは言え、

両者とも、両聖者の生活それ自体の上において夫婦生活を否定しているのである」(107頁)

と、指摘されています。これは、私たちの実生活にとって、とても大切な問題です。夫婦生活を煩悩として否定するのでは、夫婦生活が悩みと苦しみの原因となってしまうからです。

私は、かつてアメリカで伝道していたことがあります。アメリカ人の中には、クリスチャンだからでしょうか、心の奥底で「夫婦生活を罪」と思っているのではないか、と思われる女性が何人もいました。当然、そうした女性の家庭はうまくいっていませんでした。そして、そうした人の悩みは、解決も難しかったのです。

「祈り」と「愛語」と「讃嘆」

仏教でも、昔、僧侶は結婚しませんでしたし、結婚していた人は、出家といって家を出ています。キリスト教でも、ローマ法王は結婚していません。ところが谷口雅春先生は、

「生長の家は夫婦生活の上にこそ真に正しい生活のあることを教える点において、釈尊の教え、キリストの教えに一歩をすすめて実生活を完成せしめるのである」

と教えておられます。私も、生長の家の教えを知ったおかげで、夫婦仲良くならせていただき、本当に幸福な人生を送らせていただいています。

谷口雅春先生は、輝子先生とご一緒に、家庭生活の模範を私達に示して下さいました。そのお姿こそ、生長の家の教えの最も大切な点です。「本当の愛」を教えておられるからです。

「生長の家七つの光明宣言」の四条に、

「吾等は生命の糧《かて》は愛にして、祈りと愛語と讃嘆とは愛を実現する言葉の創化力なりと信ず」

と宣言されています。つまり、愛があっても、それをどう実現するかが問題なのです。「祈り」と「愛語」と「讃嘆」の三つは、愛を実現するための大切な要素であり、これを生活に生かすことです。この宣言について詳しく説かれている『生命の實相』第一巻18頁をじっくり拝読するだけでも、夫婦生活のあり方を知ることができるでしょう。

賞むべき点をさがし出して賞めよ

「『生長の家』の知恵の言葉には『人を咎《とが》むべきことあれば、その人を咎めず、かえって賞《ほ》むべき点をさがし出して賞《ほ》めよ』という訓《おし》えがあります」（『生命の實相』第一巻20頁）

私は、これを生涯の指針として実行する決心をしました。この教えを実行することができた時、家庭の調和は実現すると悟ったからです。

愛語とは「優しい言葉」であり、讃嘆とは「賞めること」です。特に、「賞むべき点」を「さがし出す」ことを、家族がお互いに実行すれば、必ず、調和した、幸福な家庭を創造することができます。

イキイキと生きる

本当の生き甲斐とは

「自分を生かすということは自分の生命が歓ぶことです。自分の生命が生き甲斐を感じることです。自分の生命が伸びることです」（『生命の實相』第七巻8頁）

「生き甲斐」を感じている時は、誰でもイキイキしています。そしてそんな時は、損得を忘れて喜びを感じているものです。

私は、お産が難産だったとき、無事に出産させることができたときなど、母子の家族が喜ぶのを見て、本当に生き甲斐を感じたものです。そういうとき、「本当の生き甲斐とは、お金や物にあるのではなく、生命の喜びを感じることにこそあるのだ」と実感します。

人に喜びを与える

生命の喜びを感じ、イキイキとした生活をするためには、どうしたらいいのでしょうか。『生命の實相』では、

「他が自分のことを喜んでくれるとき、はじめて自分の生命が本当の喜びを感ずるのです」（同８～９頁）

と、教えています。

「そんなこと言われても、私には他を喜ばす力なんて無い」と思っている人もいるかもしれません。しかし本当は、誰にでもその力はあるのです。ただ、そのことに気がついていないだけです。

私は医者ですので、生長の家の教えにふれたばかりの頃は、「病気がない」ということが、どうしてもわかりませんでした。ところが、ある患者を診察したとき、私が、「たいしたことありませんよ」と言うと、「いやいや、私はもう……」と、ト

テモ大変な病気のように言うのです。いくら「そんなことはありませんよ」と言っても、「自分の病気は、そんな軽いものではない」と言い張るのです。私は、〝他にもたくさん患者が待っていて、忙しいのに〟と思い、つい生長の家の教えを忘れて、腹が立ちました。大きな声で、「病気はないんですよ」とドナッタのです。すると患者はビックリして、治ってしまいました。これには患者も、さぞ驚いたことでしょうが、私の方もビックリしてしまいました。

このことから私は、「真理の言葉は、言う人がわかっていなくても、相手を癒すのだ」と知ったのです。

「自分がわかってもいない真理を人に話すことなどできない」という考えはまちがっていたのだ、と……。病気は、私が癒すのではなく、真理の言葉が癒すのです。

真理を他に伝える

それから私は、『生命の實相』を読んで、その言葉をドンドン、他に話すようにしました。すると、聞いた人が次々に救われていったのです。私はとても生き甲斐を感じ、別人のように積極的に真理を伝える人間になりました。「神が私を通して真理を伝えたまう」と思えば、ヤリ甲斐もあるというものです。そして人に喜ばれれば、自分も嬉しく思うものです。

真理を他に伝えることを、仏教では法施といい、人に与える最高の贈物であると教えられています。ですから、他を喜ばせるためには、たとえ自分が悟っていなくてもいいから、他に真理を伝えていくことです。「話すのはどうも苦手で……」という人は、真理の言葉が書かれた書物などを渡すのもいいでしょう。私の母も『生命の實相』をもらって、生長の家の真理にふれたのです。

あなたが、生き甲斐を感じてイキイキと暮らしたいと思うのなら、『白鳩』誌を、他人に配ってください。そこから、スバラシイ自分を発見し、生き甲斐がグングンと出てくることでしょう。

第三章　よいことを思えばよいことが現れる

人生は心で思ったとおりに

「運」とは何か

自分でどんなに努力をしても、どんなに勉強をしても、運がよくなければ、成功することはできない、と私は思っていました。

では、「運」とは何だろうか、と考えてみましても、全然わからないので、成功した人を見ても、唯うらやましく、自分も運さえ良ければ……、と思うだけでした。

わけのわからないその運に、一生を支配されるのですから、私は、人生というものに、明るい希望を持つことが出来ませんでした。

ところが、二十九歳の時です。医者をしていた私は病気になり、医者の自分が、自分の病気を治せないもどかしさに悩んで、それまで深く考えたこともなかった人生について、真剣に考えるようになりました。

その時、母に勧められて、『生命の實相』を読みはじめたのです。

〝心〟はすべての造り主

それは、まったく不思議な本であり、大学まで行って勉強したこととは、ちがったことが書かれてありました。

まず驚いたことは、

「〝心〟はすべての造り主」

ということでした。

「自分の運命も、環境も、健康も、すべては、自分の心の現れである」

ということを、「心の法則」として、説きあかしています。

それまでは、「この世はままならぬ」と教えられ、そう信じていましたので、ビックリすると同時に、〝そんなバカな……〟と、ずいぶん心の奥底で反抗しながら読みました。

しかし、実例をあげて、まことに理路整然と書かれてありましたので、いつの間にか、今まで自分の考えていたことや、また学校で習ったことより、ここに書かれてあることの方が正しいということが、わかってきました。

奥底の心で何を思うか

それから、もう六十年近く経ちますが、一つの実例を申し上げますと、私は生長の家の説く生活をはじめまして、その間に一度も、医者にかかったことがありません。これだけでも、私はとても幸せです。

医者をしている時は、人間は病気になるのが当り前だ、と思っていましたから、時々は病気をしました。ところが、生長の家の生活をはじめて、心が変わり、「人間は神の子だから、病気にならないのが、当り前だ」と信じるようになると、その心のとおり、病気にならなくなったのです。

これは、「心の思ったとおりになる」という「心の法則」によって、ハッキリと説明できます。

しかし一方で、「健康になりたい」と思っているのに、健康になれない、という人もいます。

それは、「健康になりたい」という心の奥底に、「私は健康でないから」という思いがあるからです。だから、その奥底の心のとおり、健康になれないのです。

聖書に、

「すべて祈りて願うことは、すでに得たりと信ぜよ、さらば得べし」

と説かれてあるのは、「心の法則」のことであることを、『生命の實相』を読んで教えられました。

それからは、「よいこと」のみを奥底の心で思い、信じるようになって、本当に、生きがいのある、明るく楽しい人生を送らせていただき、心から喜んでいます。

運をひらくには

人間は「運の子」？

「私は運が悪いから、どうにもならない」と、まるで〝運〟という巨大な力が人間を支配していて、自分がどんなに努力しても運には勝てない、と思っている人がいます。私も、生長の家の教えを知るまでは、そう思っていた一人でした。

そのような考え方をしていると、人間は運に支配され、振り回される存在でありますから、人間は「運の子」であり、「運のドレイ」ということになります。

かつて、私などは、自分でやったことがうまく行かないと、自分の努力が足りなかったせいだと反省せず、運が悪いからだと言って、自分をゴマカシ、他人もゴマカシて、見栄をはっていました。

ですから、生長の家の教えにふれて、

「人間は神の子であり、心で人生を支配することができる」

と教えられたときは、ビックリしました。

今まで運の悪かった人が、どんどん自分の運命を、自分の思う通りに切り開いている体験談も聞いて、人間は運の子ではなく、「神の子」だから、人生は思う通りになるということを知り、目の前がパッと明るくなるのを感じました。

自分を信じる

「人間は神の子であり、無限の可能性をもっており、心の法則によって、その無限の可能性を発揮できる」

と生長の家は教えています。

それを実現するための第一歩は、まず「自分の内に無限の可能性がある」と信じることです。自分で自分が信じられなければ、自信も湧かず、何もする気にはなれません。

私も最初は、自分には無限力なんかないのではないかと疑いました。しかし、『生命の實相』を読み続けるうちに、「心の法則」を知り、心を支配する方法がわかってきて、自信が湧いてきました。

この「心の法則」を生活に生かすために、『生命の實相』の第七巻〝生活篇〟がとても役に立ちました。

思った通りになる

以前の私は心配性で、まるでノイローゼのようでした。最近の私しか知らない人は、私がノイローゼであったといっても、ほとんどの人は信じてくれません。でも、本当にそうだったのです。

それが生長の家の教えを実行するようになり、考え方が積極的に変わって、とてもラクになりました。あまり心配しなくなり、ノンキになり、明るくなりました。そして、自分でも不思議なのですが、腹が立たなくなりました。

自分自身でも、ずいぶん変わったと思います。

どんなことが起こっても、神の子なのだから、「必ずよくなる」と心の底から信じていますと、思った通り良くなります。この世界は「心」で思ったとおりになるのです。

このことは、精神医学の面では、とても難しい理論があるのですが、それを誰にでもわかりやすく解明し、誰にでも応用できるように教えているのが、生長の家の教えです。

あまり難しく考えないで、『生命の實相』を読んで、実行してみてください。必ず運を大きくひらくことができます。

人間は健康なのが当り前である

心と体の関係

楽しい時には、食事がオイシイし、悲しい時には、食べる気もしない、そんなことは当り前なのに、心と健康の関係について、私たちがあまり考えていないのは、本当に不思議なことです。

私は、医科大学でも、そのことは教えてもらえませんでした。ですから、『生命の實相』をはじめて読んだ時、「心が変われば、病気が治る」と、書いてあるのを見て、驚くよりも、むしろ腹が立ちました。しかし、アメリカから精神身体医学が入ってきまして、医学的にも、心と体の両面から、病気を治すことが必要だということが、言われ出したのです。これは、医学の大きい進歩であります。

生長の家の教えにふれて、私は、もう五十三年になりますが、心が変われば病気が治ることを、実際にたくさん見てきました。医学で、どんな薬がつくられても、実際に使って見て効果がないと、それは薬として認められません。同じように、心が変われば病気が治るといいましても、実際に治る実例がないと信用できません。けれども、私は実例をたくさん見て来ていますので、自信をもって、心が変われば病気が治ると言えます。

健康は心で保てる

心と体の関係については、聖経『甘露の法雨』の中に、

「想念を変うることによって
よく汝らの健康と境遇とを変うること自在なり」

とハッキリ教えておられます。心によって、自分の境遇も、健康も変えることが出来る、ということです。

心によって、自分自身を自由に支配できる、というのが、生長の家の教えなのです。これを教えられた時、私は、本当に嬉しかった。それは、自分で自分の運命を自由に支配できるということがわかり、他人や、社会や、環境によって、ガンジガラメに縛られている、と思っていた自分が、自由になることができたからです。

健康だって、自分の思うままに、自由に保てるのです。こんな楽しいことはありません。イロイロのことで、縛られていた自分が、自由の世界に飛び出したのです。健康は、医者や薬に頼らなければ、と思っていたのが、自分の心で保てるのです。

私は、生長の家の信仰に入ってから、五十三年の間、歯医者さん以外は、医者の治療を受けたことはありません。今年九十歳になりましたが、ワープロで、今、原稿を書いています。毎月、あちこちへと出張もしています。働けることに、心から感謝しています。この年になって、健康で楽しく働けるのは、生長の家のおかげです。

〝無限健康〟の生命を自覚する

また、『甘露の法雨』に、

「内に無限健康の生命を自覚してのみ

外に肉体の無限健康は其の映《うつ》しとして顕現《けんげん》せん」

と教えておられます。ここで注意することは、「内に無限健康の生命を自覚してのみ」の「のみ」というコトバであります。「のみ」ですから、ほかにはない、これだけだという意味です。

私は、聖経を繰り返し読んで、この「のみ」に気がつきまして、ビックリしました。健康になる方法は、これしかないのだ、とはじめて教えられました。ですから、「私は無限健康だ、無限健康だ」と、どんな時にも自覚することです。それを忘れないことです。人間は、本来神の子なのですから、病気にならないのが、本当なのです。神の子を忘れないことが、健康の秘訣なのです。

無限力を呼び出す

誰にでもある無限力

『生命の實相』をはじめて読んだ時、

「人間は、神の子だから、誰にでも無限力がある」

と書いてあるので、とても驚きました。

無限力といえば、限りの無い力のことですから、想像することもできない、スゴイ力が自分の中にある、ということです。

高校の入試に一回おちたし、大学の入試に二回失敗した私の中に、無限力があるなんて、とても信じられませんでした。三度も浪人しますと、自分はダメな人間なのだ、という劣等感が心の底に出来まして、自分に無限力があるといわれても、簡単には信じられませんでした。

そのくせ、友達には負けたくないという気持が、心の奥底にあり、自分で自分のことを、「優越感と劣等感とにはさまれた情けない人間」だと思っていました。

言葉の力

『生命の實相』第十七巻に、

「この自己に宿る無限能力を噴湧させるには善き言葉の力……特に讃嘆の言葉、讃美の言葉が必要である。『生長の家』は人類を讃嘆し讃美するために生まれたのです」

と書かれてあるのを読んで、自分の中にある〝無限力〟を湧き出させるには、「言葉の力」という方法があるのだと教えられました。

生長の家は、ただ「あなたには無限力がある」と説くだけではなく、それを出す方法も、チャント教えてくれているのです。

私は、その方法を実行すれば、本当に自分の中にある無限力が、湧き出して来るのかどうか、とにかく実験してみようと思いました。

煙草が体に悪いと教えられても、止めなければ、なんにもならないのと同じで、「こうしたら、よくなる」と教えられても、実行しなければ、決してよくなることはありませんから。

「理想の人間像」を呼び出す

それまで私は、自分のことを自分で讃嘆するということは、自惚《うぬぼ》れているような気がして、とても出来ませんでした。むしろ自分で自分を悪く言う方でした。

「オレは大した人間じゃないのだ」

「オレは頭があまり良くない」

「オレは運が悪い」

「オレは語学に弱い」

しかし、それからは、こんなふうに自分のことを悪く言ったり、思ったりすることを、まず止めることにしました。そして、今度は、逆に自分を讃めることにしました。けれども、実際に自分を讃めようと思いますと、案外、良い所がないのに我ながら驚いてしまいました。仕方がないので、

「私は神の子だ。神の子だから、素晴らしいのだ」

と、何回も何回も言葉に出して、ササヤクように、自分に言い聞かせました。

また、自分が、「こんな人間になりたい」と思う理想の人間像を、そうなっているかのように、繰り返し、繰り返し、自分に言い聞かせ、自分の中から呼び出しました。自分の中にある無限力に働きかけて、呼び出したものだけが出てくることを、実験したのです。

能力とか才能は、肉眼では見えませんが、呼び出してみてはじめて、「ある」ということがわかりました。

言葉の創化力

患者に対する言葉

医者をしていました時、患者への一言が、どんなに強い影響をあたえるかということを、私は何回も体験しています。大学病院で研究をしている時に、教授から癌の患者には病名を告げないように言われていましたので、私は中年の癌の初期の患者を診ていましたが、病名を告げずにいました。

その患者はとても元気でピンピンしていました。そして、「私はね、癌なんか、ちっとも恐ろしくないんだから、癌なら癌とハッキリ言ってちょうだい」と、私に何回もシツコク言うものですから、ある時、「本当は、あなたは癌ですよ」と教えると、患者はその場で倒れてしまい、病室まで担架で運んだことがありました。私のほうがビックリして、それ以来、患者に対する言葉には気をつけるようになりました。

「言葉」とは……

その当時は、癌に対する認識が今とちがい、癌は不治だと思っている人が多かったので、ショックをうけたのでしょう。医者になった当時、それに似た経験が何回かあって、病気というのは、体だけのものではなく心が強く影響するものだと思うようになりました。

しかし、生長の家の教えを知るまでは、その理由がわかりませんでした。生長の家では、「肉体は心の影（現れ）」ということを、実例をあげて教えています。私は心と肉体との関係を知り、また心は言葉で支配されるということを知りました。

『生命の實相』の第一巻の24頁には、

「『生長の家』では必ずしも耳に聞こえなくともエーテル波動（ラジオ等）でも思

念波動でもすべて波動を指して、コトバというのでありますがわれわれの実践生活のうえでは思念と発声音と表情とが最も重要な、善かれ悪しかれわれわれの運命を左右するコトバになっているのであります」

と教えています。また「生長の家七つの光明宣言」では、

「吾等は善き言葉の創化力にて人類の運命を改善せんが為に、善き言葉の著述、出版、講習、講演、ラジオ放送、テレビジョンその他凡ゆる文化施設を通じて教義を宣布するものとす」

と宣言しています。私たちが、生長の家で発行している本を、できるだけ多くの人々に配布しようとするのは、この宣言によるものです。

言葉は運命を左右する

言葉は、われわれの運命を左右するということ、その言葉には「思念」「発声音」「表情」の、三つの要素があるということ、それらを知ることによって、私たちは「国際平和信仰運動」を正しく展開することができるのです。つまり、正しいこと

を思い、正しく明るい言葉をつかい、良い表情をする、この三つのことができないと、自分の運命も良くならないし、自分に接する人々を幸せにすることもできないのです。

私は、言葉といえば、発声音のことだと思っていましたので、とても教えられました。患者に接する時に、〃この患者は治らない〃と思いながら、口先だけで、〃すぐ治りますよ〃などと言っても、患者は決して本気にしないということがよくわかりました。

自分を幸せにし、周囲の人々を幸せにする根本は「言葉」だと教えられ、言葉の力を使って、私は私なりに幸せとなり健康にもなりました。

聖経『天使の言葉』の中では、

「吾れは創造神より来たりて汝らを言葉にて照り輝かさん」

と教えておられます。

よいことを思えばよいことが現れる

人間の体は心に強く影響される

生長の家では、「心の法則」を説いています。私は、最初にそのことを知った時、とても信じられませんでした。

私は、生長の家の教えと出合う以前から、精神分析に興味を持ち、「人間には、自分自身の心でありながら、自分では気がつかない〝潜在意識〟という奥底の心がある」ということは知っていました。また、医者をしていて、「人間の肉体は、心に強く影響される」ことも体験していました。しかし、医科大学では、肉体の病気についての〝法則〟は色々習いましたが、「心の法則」などというものは、言葉すら聞いたことがなかったのです。

ところが、生長の家の創始者である谷口雅春先生は、ご著書『生命の實相』の中で、心と体の関係について、詳しく、科学的に、様々な実例をあげて説明しておられるのです。私は、それを繰り返し何回も何回も読んでいくうちに、だんだんと理解できるようになっていきました。

何を考え、どのように想念《おも》うか

生長の家で教えている「心の法則」のなかの一つに、

「想念《おも》うものは現れる」

ということがあります。

「心」は目に見えたり手でさわったりできませんので、通常は気がつきませんが、想念《おも》うということは、自分の運命や生活の根源になっているのです。

私たちの生活、境遇、運命、環境など、いま現れている全てのものは、現れる以前の「心の持ち方」によって決まっているのです。

皆様が毎日読んでおられる聖経『甘露の法雨』の終わりの方に、

「想念を変うることによって
　よく汝らの健康と境遇とを変うること自在なり。」（四部経携帯版90頁）

とあります。

目に見えない心の世界で、私たちが「何を考え、どのように想念うか」によって、目に見える世界の全てが決まってくるのです。このことがシッカリとわかれば、自分の未来を変えていくことができるのです。

「これで良くなる」と想念う習慣をつける

悪いことを想念《おも》えば悪いことが出てくるし、良いことを想念《おも》えば良いことが出てくるのですから、今、悪いことが起こっているとしたら、それは、あなたが過去に「悪いこと」を想念《おも》ったからなのです。未来を「良くしたい」と思うなら、今から「良いこと」ばかりを想念いましょう。

私は医者でしたから、「人間は病気になるのが当たり前だ」と想念《おも》っていました。

だからチョイチョイ病気をしていたのです。しかし、生長の家の教えを信ずるようになり、「人間は神の子だから、病気をしないのが当たり前だ」と想念《おも》うようになって、もう六十年になりますが、医者にかかったことがありません。本当に有り難いことだと、ツクヅク感謝しております。

これも「良いことを想念《おも》う」ことの功徳です。また、私は自分で「運が良い」と決めてしまいました。そうしたら本当に運がよくなりました。

このように、私は、「想念《おも》えば現れる」という体験をたくさん持っていますので、積極的に良いことを想念《おも》うように心がけています。

どんなことが起こっても、「これで良くなる」と想念《おも》う習慣をつけましょう。誰でも、良いことばかり想念《おも》えば、「心の法則」にしたがい、必ず良いことばかりが現れてくるのです。

運命も環境も、心で思うとおりになる

「心の法則」を理解するには

生長の家の根本真理の一つは、「人間は神の子である」ということであり、もう一つは、「三界は唯心の所現」という、仏教で説いている教えで、「心の法則」とも言われる真理です。私は、多少、精神分析を勉強していましたので、潜在意識のことを知っていましたから、ここでいう「心」とは潜在意識のことであると知り、わりに早く理解できました。

谷口雅春先生は、徹底的にこの真理を、精神分析をとおして、詳しく、しかも誰にでもわかるように、『生命の實相』の中に、解明しておられます。それを読んで、谷口雅春先生は宗教家であるより、むしろ精神分析の学者であると思いました。皆様も『生命の實相』、生長の家の教えを、早く、根本的に、理解しようと思われたなら、先ず、『生命の實相』の二十二巻、精神分析篇をお読みになることをおすすめします。私自身がこれを読んで、『生命の實相』の理解が早くできたからです。精神分析がよくわかっていますと、深く、正しく、よく理解でき、また実生活にも応用できます。

奥底の心

「心」というと、私たちは、わかったつもりですが、自分の心でありながら、自分で気のつかない、「奥底の心」があることを知りませんと、生長の家の教えを本当に生かすことが難しくなります。

「和解の神示」の中に、「怺えたり我慢しているのでは心の奥底で和解していぬ」という聖句がありますが、私は、我慢して、我慢して、和解したと思っていたのです。怺えるとか、我慢することは、自分の本心を一所懸命に押さえているだけなのです。それでは、本当の和解ではなく、我慢に過ぎないのだということを教えられました。ですから、怺えたり、我慢している心を変えない限り、自分の心を変えたということにならないわけです。それを本当に教えられたのは、『生命の實相』です。

生長の家の教えにふれて、境遇や運命が変わるのは、その「奥底の心」が変わるからです。私も「怺えたり」「我慢したり」する人間でしたので、それが変わって、感謝できる人間になれた時、環境も運命も変わったのです。

心の持ち方を変えれば

心が変わると、観《かん》(心でみる)も変わってきます。結局、自分の心が変わるから、自分の心の現われである、運命も環境も変わるのです。なにか不思議なことのようですが、それが法則なのです。

『生命の實相』に書かれていますように、一切は自分の心の現われでありますから、自分の心が変われば、周囲の一切の、ものも、ことも、変わってしまうのです。

聖経『甘露の法雨』の終わりに近い所（82頁）に、

「此の世の国は唯影にすぎざるなり。
常楽の国土は内にのみあり、
内に常楽の国土を自覚してのみ
外に常楽の国土は其の映しとして顕現せん」

と教えておられます。ここに二つの「のみ」があることに注意して下さい。「のみ」というのは、それだけで、ほかに無いということです。ですから、心の中に自覚した時だけ、外に現われるということです。

この真理を時々忘れるから、私たちは、環境が悪いとか、運命が悪いとかと、嘆き悲しむのです。

自分の心の持ち方を変えれば、よくなる、と知っていれば、どんなことが起こっても、他に責任を負わせず、他を恨まず、すべて自分で解決できます。

〝想い〟を明るくするには

表面は明るく見えても……

『生命の實相』を、はじめて読みまして、生長の家の教えの目的は、〝人類光明化運動〟であることを知りました。

『生命の實相』第一巻の3頁に、

「元来『生長の家』は人類の思想中よりその転倒妄想《まよい》を去らしめ人類生活の全面を光明化せしめんがために出現したので、病気治療のみを目的に出現したのではありません」

と書いておられるのを読んで、本当に感動しました。この「生長の家」は、人類全体の生活を明るくする、とても規模の大きい運動なのだ、と思いました。そして、『生命の實相』を拝読してゆきますうちに、だんだんと、私自身も変わってきました。まず第一に、自分の考え方が、明るくなりました。大体、私は明るい性格であったのですが、心配性とでも言いましょうか、何にでも、やたらに心配しすぎる、つまり、何でも先のことを悪く考えて、心配する性格でした。ですから、表面は明るく見えても、心のうちで、人には言えない心配をするので、本当に明るくなれなかったのです。

悪くなる時は良くなる前兆

ところが、『生命の實相』を拝読し続けるうちに、「生長の家の『智慧の言葉』に『悪くなるほど、善きことが近づいて来たと思え』という意味のことが書かれていますが、これは病気を治そうとする人にとっても、運命を開拓せんと欲する人にとっても、いつまでも座右に備うべき箴言《しんげん》であります」と書かれていますのを拝読して、驚きました。

私は、その当時、医者をしていましたので、患者を診察し、入院患者も受け持っていました。ですから、実際に病人がとても悪くみえる時には、これを越えれば治ると、いつも思っていましたし、また患者にも、そう言っていました。考えてみますと、悪くなる時こそ、良くなる前兆であるのですが、悪くなると、それを心配するあまり、「これで良くなる」という、良くなることを忘れがちになるのです。この御文章にふれて、「実際そうだ」と強く感じました。これは、病気だけのことではない、すべてのことにあてはまるのだ、と思い直しました。「私はまちがっていた。本当に、悪いことは良いことが来る前兆なのだ」と気がつきました。

「神の子」は「神」

谷口雅春先生は、まことに簡単に、

「悪いことは、良いことだ」

とも教えておられます。悪いことが起こるからと心配していた私が、悪いことは良いことだ、と教えられて、とても気が楽になり、明るくなることができました。

それから、もう一つ、

「私は神の子なのだから、すべてのことが、必ず良くなる」

と教えられ、信ずることが出来るようになりました。先生は、

「犬の子は犬でしょう、猫の子は猫でしょう。だから神の子は神なのですよ」

と教えておられます。私は、神の子で神なのだから、悪いことは起こるはずがない、と信ずるようになりまして、本当に明るくなりました。

実際に、終戦後の満州で、とても苦しい目に遭いましたが、「私は神の子で、神なのだ。だから、必ずよくなる」とヒタスラに信じて、乗り越えてきました。

「悪いことは、良いことだ」

「神の子は神だ。必ずよくなる」

この二つのことが信じられたら、必ず想《おも》いを明るくすることができます。

真理を知れば、心はととのう

迷いは何処からきたか?

「心をととのえる」ということは、迷いがなくなることです。迷っていると、「あてもない、こうでもない」と思いわずらうもので、心がととのいません。

練成会をはじめた当時、私が講話をしている最中に、「質問」と言って、手をあげた青年がいました。「どうぞ」と言いますと、彼は「先生、迷いは何処からきたのですか?」と質問しました。私は、何処からきたのか、と考えましたが、どうしてもわかりません。それで私は「ちょっと待ってください。私にはわかりませんので、谷口雅春先生に聞いてきますから」と待ってもらいました。そして、急いで先生のお宅へ行きました。

幸に、先生は御在宅で、すぐに逢ってくださいました。「今、練成会をしていますが、一人の青年から『迷いは、何処からきたのか？』と質問されて、私は答えられなくなりましたので、先生に教えて戴きたくて、飛んでまいりました」と申しあげると、先生は、「それはね、とても難しい問題なのだよ」と言われました。私は善い質問をしたと思って、全身を耳にして、真剣に先生をみつめていました。

「迷いはない」

すると、しばらくして先生は「でもね、徳久君、生長の家では簡単なのだよ」と言われました。そして、いとも簡単に「生長の家では、迷いはないんだ。だから、何処からも来ないんだよ」と言われて、ニッコリお笑いになりました。私は、自分の不勉強が恥ずかしいやら、こんな問題で先生のお宅まで来たことが申し訳なくて、「わかりました。有難うございます」とお礼を申し上げると、飛んで帰りました。

みんなの前で「迷いはないんだから、何処からもこないんだ」と、先生に教えて戴いたことを報告しました。しかし私は、自分の勉強不足で恥をかき、先生に申し訳ない気持で一杯でした。あんな初歩的な質問をしましても、先生はお叱りにもならず、私に恥もかかせず、やわらかく、おさとしくださった、その大きい愛に感動しました。それから、もっともっと『生命の實相』を読むように、はげみました。『生命の實相』には、谷口雅春先生が実にわかりやすく、「迷いはない」ということを書いておられます。それを読んで、私はますます恥ずかしくなりましたが、先生の弟子への御愛念をヒシヒシ感じました。私たち講師が、信徒に接するときの態度も、教えて戴いたのです。

ただ真理を知ればよい

心をととのえるためには、「迷いはない」ということを、ハッキリ悟ればよいのです。生長の家のお経である聖経『甘露の法雨』の中の、「無明」の項に「真相を知らざるを迷と云う」と教えておられます。また「『完成《なな》の灯台の点灯者』の神示」の中に、「光が近附くときすべての暗黒は消える。『真理』が近づく時、すべての

『迷い』が消える」と示されています。つまり、暗黒は光のない状態で、迷いは真理を知らない状態です。闇や迷いは本来ないのです。私たちは、光を点せばよいのです。

ですから、心をととのえるには、ただ真理を知ればそれでよいのです。そのために谷口雅春先生は、「聖典読誦、神想観、愛行」の三つの行をするように、教えて下さっています。私は『生命の實相』及び聖典をひたすら拝読し、神想観をしようと努力しましたが、はじめは、神想観も聖経読誦も嫌いでした。けれども、努力してつとめましたら、出来るようになり、好きになりました。

癒す力

薬の効果

『生命の實相』を読むまで、私は医者が病気を治すものだと思っていました。またそう信じていましたから、医者になったのでした。しかし、実際に患者の治療をしてみますと、同じような病気には、同じ治療をすれば、同じ結果がでると思っていたら、そうではなく、ちがう結果が出ることが多いので驚きました。

医学では、それは各人の体質がちがうからだと説明しますが、それでは体質とは何か、ということになりますと、よくわからないのです。そのような色々な疑問がたくさん出てきましたが、私は幸いに『生命の實相』にふれることができ、です。

「肉体は心の影（現れ）である」

という明快な真理を学び、今までわからなかったことを解決することができたのです。

医科大学の内科の教授が、学生への講義の時、同じ薬でも、私が患者にあげた時と、諸君があげた時とでは、効果が全然ちがうのだと言われたのを聞いて、この教授はずいぶん非科学的なことを言うと、腹を立てたことがありました。でも、これも患者の心の問題であるとわかりました。患者が、診察してくれている医者をどのくらい信頼しているか、ということで、薬の効き方がちがうのは、当り前のことだと知りました。

患者自身が治す

『生命の實相』を読むまでは、医者である私が治してやるのだ、と思っていました。が、『生命の實相』を読んで、私の考えはスッカリ変わりました。

私が注射をして治してあげたと思っていましたが、注射をするのは、医者の仕事で、その注射された薬を体中にまわして治すのは、患者の中にある生命力です。手術をして、悪い所を修理するのは、医者の仕事ですが、修理した後を癒すのは、患者自身の力です。

お腹を切って手術すると、その後を縫い付けておくのですが、切り傷は一週間もすると、ノリをつけもしないのに、チャンとひっついています。それも医者の力ではなく、患者自身の治す力です。

私は、『生命の實相』を読んで、このことに気付かせていただき、病気は医者が治すのではなく、患者自身が治すのだとツクヅク教えられました。

「自然が治して、医者が儲ける」

という西洋の諺《ことわざ》があることを、学生時代に教授から聞いて、そんなバカなことが、と思ったのですが、やはり本当であったと知りました。この諺は、医者に皮肉をいっているのですが、「神（生命力）が治して、医者が助ける」というのが本当だとも教わりました。

〝癒す力〟は自分の中にある

病気は患者の中にある「癒す力（生命力）」がなければ、治るはずがありません。ですから、最近では、医学も「精神身体医学」といって、心と体の両面から病気を治そうというふうに進歩してきました。

私たちの学んだ医学は、〝体〟だけの治療ばかりで、〝心〟は病気と無関係でした。しかし、「肉体は心の影」という生長の家の教えのとおり、心が変われば病が治るという、まことに不思議な事実がおこってきて、それが精神身体医学によって、当り前のことだとわかり、〝癒す力〟は自分の中にあることが実証されてきました。大きな医学の進歩であります。

死んだ肉体に、注射してもなおらないのは、生命力（癒す力）がないからです。

健全な生活

物より心が先

「健全で、しあわせ」といいますと、私たちは、お金とか住宅とか、そのような物質的なものに満たされた時のことのように思いがちです。しかし、物質的なものにどんなに満たされても、それだけでは健全な生活とは言えません。

私は、練成会で、多くの方を指導させていただいて、物質的に満たされていながら、しあわせでも健全でもない人がどんなに多いかを知りました。

私自身も、生長の家にふれるまでは、物が豊かであれば、人間は「健全で、幸せ」になれるのだと信じていました。しかし、『生命の實相』を読んで、

「現象は心の現れである」

と教えられ、それまで「健全なる精神は健全なる肉体に宿る」と思っていたのが、本当は「健全なる精神は健全なる肉体をつくる」のだとわかりました。

それと同じで、健全な精神が健全な生活をつくるのです。物が先ではなく、心が先なのです。

聖経『甘露の法雨』の「神」の項に、

「『心』はすべての造り主」

とあります。

健全な生活をするためには、まず、健全な「心」をもつことなのです。

和解ができた時

では「健全な心」とは何か、ということになりますが、「大調和の神示」の冒頭に、

「汝ら天地一切のものと和解せよ。天地一切のものとの和解が成立するとき、天

地一切のものは汝の味方である」

と示されています。

天地一切のものと和解ができた時に、私たちは最も健全な生活ができている、ということです。

私は、それまで悪い相手とは、徹底的に戦うのが、正しい人間の生き方であると信じていました。それで、ずいぶん多くの人と争ったものです。しかし、よく考えてみると、相手が悪いからといって争うと、自分が苦しいし、楽しくありません。

周囲の人々や環境と和解することができれば、それは皆、自分の味方となるのですから、その方がずっと楽しいことを知りました。

「言葉の力」で心を変える

本当の和解とは、お互いに感謝することです。天地一切のものに感謝した時、本当に健全な心になり、その時から健全な生活がはじまります。

私は、感謝の心など持ったことのない不平の多い人間でしたが、『生命の實相』

を読むと、心を変えるには「言葉の力」を使えばよいと、いとも簡単に書いてあります。それなら、試しにやってみようかと、生意気な考え方で実行してみました。

人前で、「有難うございます」などとは、とても言えないので、誰もいない所で、はじめは小さい声で言ってみました。その自分の声を自分で聞いても、恥ずかしさでいっぱいでしたが、実行しないで批判するのは、薬をのまないで、効かないと言うのと同じですので、言ってみました。

すると、「バカやろう」と言うよりも、「有難う」と言った方が、確かに気持がよいことがわかりました。

それからは、診察している患者にも、出来るだけ、よい言葉を与えるようになり、治療にとても良い効果が出てきて、患者を健全な生活へ導くのに、とても役に立ちました。

心に健康を思えば健康体になる

病はない？

『生命の實相』を初めて読みました時、私が一番わからなかったことは、「心が変われば、病気が治る」と書いてあることでした。

当時、私は医者をしており、大学で医学を学び、実地も経験して医学博士号ももうすぐ貰う時でしたので、心で病気が治るのなら医者は要らんではないかとすぐに思い、とんでもないことが書いてあると、むしろ腹がたちました。

しかし、その当時でも、医者が患者に与える言葉は、とても大きな影響がある、ということは病人を取り扱った経験で知っていました。しかし、心を治せば、それだけで病気が治るとは信じていませんでした。ですから、病気というものは心だけが原因であるとは思わなかったのです。

『生命の實相』と〝精神身体医学〟

「肉体は『念が形にあらわれた体』である」と、『生命の實相』第八巻には書いてあります。また、

「『心』に健康を思えば健康を生じ
『心』に病を思えば病を生ず」

と聖経『甘露の法雨』の物質の項に、ハッキリ教えておられます。そして、いたるところに、心の持ち方を変えて病気が治った体験談が書かれています。はじめは、どうしても信じられませんでしたが、原理がハッキリしていますし、体験談をたくさん読むうちに、人間の心と身体との関係について考え直さなければいけないと思うようになりました。

そして、そのような時に、医学の本に「精神身体医学」について書いてあるのを

発見しました。そんな言葉は、今まで聞いたこともありませんでした。

簡単に言いますと、病気を治療するのに、今までは身体ばかりをみていましたが、本当に病気を治すには、心と身体の両面から治療しないといけない、という新しい医学なのです。そうしますと、『生命の實相』は、心と病気との関係を、医学よりも早く教え実践しているのであるということがわかり、本当に驚きました。しかも、『生命の實相』には、病気の現れる身体の位置で、それはこういう心の現れである、と教えてあるのです。

練成会の始まり

私は、医者として病院を経営する予定で、生長の家の職員になりました。今の飛田給の練成道場が病院として用意されていましたが、どうしても病院の開設が許可されず、練成道場として使うことになったのです。その当時は、谷口雅春先生が生長の家の教えで患者を癒す病院をつくるように計画されたのに、申し訳ないことだと思い、ずいぶん悩みましたが、先生はあっさりと練成道場にきりかえられました。

それが生長の家の練成会の始まりです。

練成会で心が癒されますと病気も治り、生長の家の説く真理がハッキリと実証されていきます。今から考えますと、病院にならなかったのは神の導きであったと、私はつくづく思います。今は、全国の各教区で練成会が行われ、どんどんと「心と健康」の関係が実証されています。肉体も運命も心の現れでありますから、練成会をうけて心が変われば、肉体の状態も運命も変わるのが当り前であります。医学で見放された病人でも、心を変えたら病が本当に治るのですから素晴しいことです。

私は、生長の家の信仰にはいりまして、六十年になります。その間、病気もせず、現在満九十歳になりました。健康で、講演にも行っています。これは生長の家の教えのおかげと、毎日、感謝の生活を送らせていただいています。ありがたいことです。

コトバは運命をつくる

運命を左右するコトバ

生長の家の教えを知るまでは、私は「コトバの力」というものを知りませんでした。『生命の實相』を拝読すると、第一巻の24頁に、

「『生長の家』では必ずしも耳に聞こえなくともエーテル波動（ラジオ等）でも思念波動でもすべて波動を指して、コトバというのでありますがわれわれの実践生活のうえでは思念と発声音と表情とが最も重要な、善かれ悪しかれわれわれの運命を左右するコトバになっているのであります」

と書かれています。コトバとは何かということが、まことにハッキリと教えられ

ています。私はそれまでコトバといえば、「発声音のことだ」と思っていましたが、この三つの要素がコトバであるということを知って、根本的に考え直しました。

われわれの運命を左右するコトバの使い方を、本当に正しく理解していませんと、「この世はままならぬ」などと、愚痴《ぐち》をこぼさなければならなくなります。結局、コトバの正しい遣《つか》い方がわかっていませんと、自分でもわからないうちに、色々の失敗を繰り返します。私なども、「気はいいんだけれど、口が悪いので」などと、平気で言っていました。が、これはウソで、気が良かったら、口も良くならなければならないのです。コトバとは「思念」と「発声音」と「表情」との三つですから、その内の一つでも良くないと、うまくゆかないのです。特に「発声音」、つまり口で喋っているコトバは、一番大切です。

クーエの自己暗示法

谷口雅春先生から、クーエの自己暗示法を教えられました。私たちが、良い思念を持とうと思っても、なかなか思えない時に、同じことを声に出して、何回も何回も自分の耳で聞いていると、それが思念に変わるということです。良いことを思おうとしたら、この方法を使うとよいのです。

私も、自分が神の子だと思えない時に、毎日、「私は神の子だ、私は神の子だ」と、繰り返し繰り返し自分に言い聞かせましたら、「神の子の自覚」が、少しずつ出来てきました。何でも、自分で自分に言い聞かせる方法は、素晴しい効果があります。是非実行してみてください。

それから、自分の表情ですが、これは他人に頼むことはできませんので、鏡をみながら、自分で良くすることです。私は毎朝、顔を洗った後で、鏡をみながら、出来るだけ〝感じ〟を良くするように努力しました。自分の顔でも、本人が感じ良く思わなければ、他人も感じ良く思いません。本人が感じの悪い顔だと思うようであれば、他人が見たって感じが悪いのに決まっています。ですから、先ず自分で自分をみて、良い感じだなと思うようになることです。

コトバには創る力がある

コトバは「創化力」、つまり創る力を持っているのですから、私たちは、「良いコトバ」を使う習慣をつくって、良いことを創ることです。特に、家庭での母親の使うコトバは、子供の一生に影響しますので、悪いところを見て直すという気持より、良い所を見て引き出すようにすることが大切です。良いコトバを遣って、他人の良いところを引き出す教育は、生長の家の説く教育法です。

コトバの力を知って、自分を良くし、周囲の人々を幸福にすることは、素晴しいことです。自分だけでなく、周囲の人々も、みんなの運命をも幸せにする良いコトバを遣って、みんなで幸せになることが、一番素晴しく、楽しいことです。

コダワリ

心が引っかかる

『生命の實相』をはじめて読んだ時、第五巻の「『ねばならぬ』を解放する宗教」という章を読んでビックリしたことを今でも覚えています。人生には「こうせねばならぬ」ということが沢山あって、それを守らなければ、とんでもないことになるのだと私は思っていました。ところが、この一章を読んで、私の人生観は変わりました。

また、同じ第五巻の162頁に、

「『善』にでも心が引っかかると、それは『悪』になる」

とあります。これにもまたビックリしました。『生命の實相』第二巻の81頁に「善人だのになぜ病気になるか」という項目がありますが、ここと合わせて読むと、よくわかります。

「あらゆる他の善さがありましても、心の自由が欠け、窮屈で、気が小さく、いつもクヨクヨ自他の悪にかかわっているようではその人の善さの大部分の価値は失われてしまうのであります」

私は自分のことを書かれているような気がして恥ずかしくなりました。「心が引っかかる」――これがコダワリです。「とらわれる」と考えてもよいでしょう。

聖経『甘露の法雨』の「神」の項に、

「『迷』は捉《とら》われの相《すがた》にして苦患《くげん》多し」

とハッキリ教えておられます。

全体を観る

私たちは、その人に何か一つ欠点があると、その欠点にとらわれて、他の善い所をみることを忘れてしまうことがあります。

立派な奥様が来られて、「うちの主人は、酒ばっかり飲みましてと言われるので、私が「朝起きたら、すぐに酒をのんで、仕事もしないのですか?」とたずねると、「いいえ、朝はご飯をたべて仕事に行きます」と言います。「それでは、会社で酒を飲んでいるのですか?」とたずねると、「いいえ、会社では仕事をしています」と答えられます。

よく聞いてみますと、ご主人は日中仕事をして、夜にお酒を飲んでいるのです。奥さんはご主人が仕事をしていることを、すっかり忘れてしまっているのです。それなのに「酒ばっかり」と言われると、ご主人は面白くありません。

また「うちの子は、遊んでばっかりいる」というお母さんもいます。「学校にも行かないで、遊んでいるのですか?」とたずねると、「いいえ、学校には行きます」と答えられます。「それでは、遊んでばっかりではありませんね」と言うと、「それは、そうですね」と気がつかれます。

私たちは、一つの欠点にこだわると、どうしても美点というか、その人の善い所を見ることを忘れてしまうことが多いのです。ですから、むしろ正直で真面目な人が、「コダワリ」やすいのです。いつも全体をみることを、忘れないようにすることです。どんな人にでも欠点はあるもので、欠点がみえても、こんな善いところがあると、常に全体を観るようにすれば、「コダワリ」は、ずっと少なくなります。

私は医者をしていて、人の悪い所ばかりを探す仕事をしていたので、人の欠点が見えて、善い所がみえなかったのですが、『生命の實相』を繰り返し、拝読するうちに、

「人間は、みな神の子である」

ということに、少しずつ気がついてきました。そして、そのおかげで、自分が楽になり、幸せになりました。

心の自由を得るためには

「心の自由」とは何か

私は、「宗教」というものが大嫌いでした。「一つの宗教に入ると、その教えや戒律に縛られる」と思っていたからです。若い頃、〝大いに遊んで楽しい青春を送ろう〟と望んでいた私は、「あれをしてはいけない、これをしてはいけないなどと縛られては、たまったものではない」と思っていました。

ところが、『生命の實相』を読んでみると、「宗教は人を縛るものではなく、真に人間を自由にするものだ」と書いてあります。私は、とても驚きました。

『生命の實相』第五巻に、

「『救う』ということは（中略）、人間が人間本来の『無限の自由』を回復することであります」（125頁）

と教えてあります。「宗教で救われる」ということが、「人間が本来もっている無限の自由を回復することだ」というならば、私が考えていた「宗教」とは正反対です。私は、自分の無知を感じ、恥ずかしくなりました。しかし同時に、目の前がパッと明るくなりました。本当の「心の自由とは何か」を知ることができて、とても楽になれたからです。

仏教では、救われることを「解脱」といいます。「解脱」というのは、すべての心の縛りから解き脱することですから、「心の自由」のことです。また、キリスト教でも、「真理は汝を自由ならしめん」と教えています。「心の自由」こそ「悟り」であり、「救われ」なのです。

まず自分が変わること

『生命の實相』に、「善にでも心が引っかかると、それは悪になる」とあります。

それを知ったとき、私は、深い感銘を受けました。その頃の私は、「善に引っかかる」達人だったのです。

善に引っかかると、つい他人と争うことになります。「相手が悪い」と思い、「相手を善く変えよう」とするからです。しかし、「私は正しいのだ」と思っても、争っているときは、いつも孤立していて、何となく楽しくありませんでした。ところが、『生命の實相』を読み、

「すべては、わが心の影」

という「心の法則」が理解できるようになると、「今、自分の前に現れている相手の姿は自分の心の影である」ということがわかってきました。「相手が自分の心の影」であるならば、「自分の心が変われば、相手も変わる」ということになります。私は、相手を変えるよりも、自分が変わらなければならないことに気づきました。そして、実際、私が変わると妻が変わりましたし、友人たちも変わりました。人生も変わりました。また、多くの人をそのように指導し、実行した人はみな変わっていったのでした。

「人間・神の子」の自覚をもつ

自分が変わるには、まず、「人間は神の子である」という生長の家の根本真理を自覚することです。「自分は神の子で素晴しい」と信ずればよいのです。そして、たとえどんなに相手が悪く見えていても、「本当は神の子で完全円満だ」と信じ切ることです。子どもでも、夫でも、妻でも、友人でも、すべての人を「神の子」として信じ切ることのできる人こそ、本当の「心の自由」をもつ、明るく楽しい、素晴しい神の子なのです。

まず自分が「心の自由」をもつ「神の子」であることを自覚し、幸せになりましょう。そうすれば、周囲は皆、「神の子の本当の姿＝実相」を現して自由になり、天国浄土が実現します。

「観」をかえる

「心でみる」

私は、二十九歳の時、はじめて『生命の實相』を読み、ビックリしました。「心の法則」について、詳しく書かれているからです。それは、医科大学でも全然教えてもらわなかったことでした。しかし、「精神分析」という、新しい分野の「心の科学」に基づいて教えておられるのですから、これを否定するわけにはいきません。

この中で、徹底して教えておられるのは、「現象の世界は、自分の心の現れである」ということです。

また、「観ればあらわれる」（『新版 真理』第八巻、38頁）ということを、私は教えられました。この「観る」ということは、「心でみる」ということです。「心」というのは、私たちが普通に考える「心」のことではなく、「奥底の心」のことです。精神分析では「潜在意識」といって、学問的に解釈すると大変難しいのですが、それを、誰にでもわかりやすく教えておられます。

自分への「みかた」を変える

私は学校で、「人間とは動物なり」と教えられました。人間が動物であるならば、本能である食欲（自己保存本能）と、性欲（種族保存の本能）を満たすことが、人生の目的ということになります。しかしそれでは、「人間でなければできない、スバラシイことをしよう」という思いは出てこないでしょう。ところが、『生命の實相』の第一巻には、「人間は神の子で、無限の可能性がある」と教えられています。そしてさらに、無限力を引き出すためには、「言葉の創化力を使えばよい」と教えています。言葉は、現実化する力をもっているのです。心の中で強く思う、あるいは、実際に口に出して何度も言うことが「言葉の創化力」を働かせることになるのです。私はこれを、すぐに実行しました。すると、私自身が想像もしなかった、「自分の中にある素晴しい力」を出すことができるようになったのです。人前で話すことが苦手だった私が、生長の家の講師になり、大勢の人を前に講話をしています。また、私は文章を書くのがあまり得意ではありませんでしたが、本を何冊も出せるほどになりました。自分でも驚くほどの変身ぶりです。これは、自分自身の「自分への『みかた』」が変わったおかげなのです。

優秀なのがアタリマエ

「『みかた』をかえる」ということを、仏教では「観の転換」といいまして、修行の一つとして、とても大切なことだとされています。「みかた」を変えなかったら、たとえ無限力があっても出てはきません。

子どもの無限力を出そうと思ったなら、まず親が、「自分の子どもは神の子であり、無限力をもっている」と、「心でみ（観）ること」です。そして、「あなたは神の子で、無限力があるのだから、やれば何でもできるのですよ」

と、繰り返し、子どもに力強く言って聞かせることです。子ども自身が、「私には無限の可能性があるのだ」と自分を観《み》ることができるように、導いてあげるのです。

子どもは皆、本来、すでに「一切がよい」のです。健康なのがアタリマエですし、性格も、良いのがアタリマエです。学校の勉強やスポーツなども、よくできるのがアタリマエなのです。そして、子どもは、親が心でみたとおりに育ちます。いま、どのような姿をしていようと、親の心の「みかた」が正しくなれば、自ずと本来の良いものが出て、優秀で素晴しい子どもに戻るものなのです。

第四章　新しく生れる

新しい自分を生きる

人あらたに生まれずば……

谷口雅春先生の『新版　ヨハネ伝講義』49頁に、キリストが、「人あらたに生まれずば、神の国を見ること能わず」（ヨハネ伝三章―三）と教えられた、その解釈が書かれています。

キリストが、ニコデモという、ユダヤの長老に、そう言われたのですが、ニコデモは、キリストの言われたことが理解できず、「私は、もう年をとっていますので、もう一度、母のお腹の中に入ることはできません」と答えたのです。

私も、生長の家を知らなかったら、きっと同じ答えをしていたと思います。「新しい自分」を生きることは、「新しい自分」とは何か、ということが、ハッキリわかっていないとできないのです。

生長の家では、「本当の自分」というものを、どのように教えているでしょうか。生長の家の教えの中心である、聖経のなかから、まず、「自分」とは何かを確かめてみたいと思います。

肉体は人に非ざるなり

はじめに、『甘露の法雨』の〝人間〟という項を、よく読んでください。ここに人間とは何かということを、詳しく、ハッキリと教えておられます。そして、それを基礎として、『天使の言葉』のなかに、

「迷妄《まよい》は言う『人とは肉体也』と。

されど肉体は人には非ざるなり」

と、ハッキリと「肉体」は人ではない、と教えられております。また、『續々甘露の法雨』のなかに、

「肉体は『汝』に非ず」

と教えられています。

私は、生長の家の教えにふれるまで、長い間、聖書に書かれているニコデモのように、人間とは肉体である、と思っていましたので、人間は肉体ではない、ということが、わかりませんでした。『生命の實相』を読み続けても、なかなか理解できませんでした。しかし、繰り返し繰り返し拝読しているうちに、少しずつ、人間の本体は肉体ではないということが、わかりかけてきました。

五官を去り、実相の世界に入る

このことは、五官でふれるもののみが存在する、という唯物論の教育を受けてきた私たちには、理屈でわかるものではありません。科学的な考え方だけが全てである、ということが、常識として詰めこまれ、それに反するものは、すべて非科学的として、排斥してきた私たちの観念は、なかなか簡単には、変わりません。

『生命の實相』を読んで、少しわかったと思っていても、また、いつの間にか、人間は肉体である、という思いが出てくるのです。そこで、『生命の實相』第十二巻211頁に、こう、わかりやすく教えられています。

「神想観なさいます時に『われ今五官の世界を去って実相の世界に入る』と念ずるのでありますが、あの実相の世界に入るのが生まれ更《か》わりであります」

神想観をして、実相の世界に入れば、聖経『甘露の法雨』に、

「実相の世界に於ては
　神と人とは一体なり」

と教えられているように、「新しい自分を生きる」ことができるのです。

ですから、毎日、神想観を実修して、どんな場合にも、五官の世界を去って、実相の世界に入ることができれば、常に、新しい、素晴しい、神と一体である自分が自覚でき、それを生きれば、「新しい自分を生きる」ことができます。

真相の発見が新しく生れること

タバコをやめられない

『生命の實相』にふれて、私の人生はスッカリ変わりました。結婚して七年も恵まれなかった子どもに恵まれ、素晴しくなったのですが、ただタバコだけは、どうしても止められず、大体一日に七十本も吸っていました。

医者でしたから、タバコは体によくないということは分かっていました。でも、「止めよう、止めよう」と思っても、どうしても止められませんでした。患者には、「体に悪いからタバコを止めなさい」と言いながら、自分はスパスパと吸っているのですから、薮《やぶ》医者の標本のようなもので、我ながら、情けない気持でいっぱいでした。

〝実相の自分〟

入信して約六年間は、同じように吸っていました。ところが、満州（中国の東北地方）から、引き揚げてきて、『生命の實相』を読みなおしてみますと、タバコを止めた体験が紹介されてありました。それは、タバコを止めようと思っても、どうしても止められなかった人が、『生命の實相』を読んでいるうち、

「私は、今までタバコを止めよう、止めようと思っていたが、それは、まちがいであって、私はタバコなんか、未だかつて、一本も吸ったことがなかったのだ、と気がつき、タバコがいらなくなった」

というのです。タバコを吸っていながら、吸ったことがない、そんなバカなことが……と、はじめは理解できず、何回も何回も読みなおしました。

ところが、繰り返し読んでいるうちに、タバコを吸っているのは、「迷い」であって、本当の自分、つまり「実相の自分」は、タバコなんか一本も吸ったことはな

かったのだ、と気がつきました。

私は、目の前がパッと明るくなりました。「本当の自分」「実相の自分」が、自分の中から輝き出したような、生まれてはじめての、明るい喜びが湧き出してきました。私はすぐ正座して、

「神様、有難うございます。私は今まで、一本もタバコなんか吸ったことのない自分でした。有難うございます。有難うございます」

と、涙を流しながら、喜びの神想観をしました。それっきり、私はタバコを一本も吸いません。

真相を知る

私にとっては、これは一つの大きな体験です。悪いところがあるから、直そうとするのではなく、既に素晴しい自己の発見、「人間の実相」の発見が、新しく生まれることだと、私は教えられました。

聖経『甘露の法雨』の「無明《まよい》」の項に、

「無明《まよい》はあらざるものをありと想像するが故に無明《まよい》なり」

と書かれてあります。また、

「真相を知らざるを迷と言う」

ともあります。

迷を消そうとするのではなく、真相を発見し、自覚すれば、迷が消え、真相が現れてくる。真相を発見するには、「言葉の力」を使えばよい、と、『生命の實相』には、教えておられます。

言葉に出すのも、聖典を読むのも、聖経を拝読するのも、言葉の力でありまして、とにかく真相を知ることが、新しく生まれることであります。

私は、この体験によって、どんなことが起こっても、真相を知れば、すべてのことは、必ず解決するということを、ハッキリと教えられました。

心の生まれかわり

人間がかわる

「あの人は、人間がかわった」とよく言います。これは同じ人間でありながら、それまでとは全然ちがった別人のようになるということです。肉体はかわらないのに、「人間がかわった」のですから、一体、人間とはなんだろうか、という疑問が出てきます。

私は、『生命の實相』を読んで、「心の法則」を教えられ、ビックリしました。こんな法則は医科大学でも教えてくれませんでした。その法則の中に、

「環境も肉体も心の現われである」

とあり、心がかわれば人間はかわると知りました。
聖経『甘露の法雨』の中の「神」の項に
『「心」はすべての造り主』
と教えておられることが、今さらのように深く心にしみこみます。

「神想観」で心の訓練を

しかし、心をかえるということは、口で言うほど簡単ではありません。心の「持ち方」をかえて、良いことのみを思うようになれば、肉体も環境も良くなると理論的にわかっていても、なかなか良いことのみを思うことは難しいものです。

生長の家では、そのために聖典を読むことと、神想観といって、仏教の座禅のような、瞑想《めいそう》による心の転換法を教えています。

神想観は、まず正しく座って、

「吾、今、五官の世界を去って、実相の世界に入る」

と念じ、心を神のつくられたそのままの世界に振り向け、その素晴しい世界を心で観る、心の訓練です。

これは、谷口雅春先生がはじめられた独特の観法ですが、私ははじめは嫌いで、イヤイヤ実行していました。でも、もう六十年も続けて実修しております。おかげで、九十歳になった現在、まだまだ元気で仕事をさせていただいています。

神の子の自覚

『生命の實相』第十二巻の211頁に、

「生長の家で神想観なさいます時に『われ今五官の世界を去って実相の世界に入る』と念ずるのでありますが、あの実相の世界に入るのが生れ更わりであります」と教えておられます。

結局、神想観は、「人間は神の子である」という基本真理を自覚するための最善の方法なのです。

犬の子は犬であり、猫の子は猫ですから、神の子は神です。これは五官で感じていただけでは、どうしてもわかりません。ですから、五官の世界を去って、人間は

「神の子であり、神だ」ということを、心で観ることが大切なのです。そして、心にそれが自覚されてくると、自覚された程度にしたがって、環境も肉体も生まれかわってくるのです。

私は、人間を肉体として取り扱う医者をしていましたので、「五官を去る」ということが、なかなかできずに苦労しました。けれども、神想観のおかげで、「生まれかわり」をさせていただき、とても幸せな人生を送ることができました。

皆様も、新しい年から神想観を実修してください。必ず、より素晴しい人生が開けてくることを保証します。

「新しい自分」を発見し自覚する

「神の子」の自覚に変わる

新しいということは、今までのとは違った、ということですが、私が『生命の實相』を読んで、根本的に変わったのは、自分というものの自覚でした。この肉体が自分だと思い、肉体が自分なら、私は動物である、と思っていました。

ところが『生命の實相』には、「人間は神の子である」と教えてあります。これにはビックリしました。そして、『生命の實相』第一巻には、「吾らは神の子にして無限の可能性を内に包有し言葉の創化力を駆使して、大自在の境に達し得ることを信ず」と宣言しておられます。「神の子」であると同時に、「無限の可能性」を持っているというのです。

これは、私にとっては、今まで誰からも教えられたことのないことですので、本当に驚きました。自分は、猿より少し進歩した動物で、大したことはないのだ、と思っていましたが、神の子で、しかも無限の可能性がある、ということになれば、これは大変なことになった、と驚きました。同時に、自分には今まで考えもしなかった、凄い力があるんだ、と思うだけで、なにかすばらしい希望が湧いてくるのでした。

自覚が変わると、生活が変わる

自分の根本的な自覚が変わりますと、全ての人に対する観方が変わりますし、今まで、肉体をよろこばせれば、人生は幸せになるのだ、と思っていましたのが、自己に宿る無限の可能性を引き出すことこそ、人生の目的であり、幸せであるのだ、と分かりました。そうしますと、自分の生活が変わってきます。私の体験から言えば、新しい生活は、「新しい自分」を発見し、自覚することから始まる、と信じます。生長の家では、「誰でもみんな神の子だ」と宣言しています。ですから、皆様がたとえ今、現実に色々の問題があり、とても苦しくても、それを解決して、より幸せになる、すばらしい可能性をもっておられるのです。今の苦しい問題を解決することによって、皆様の無限の可能性が出てくるのです。

問題は「新しい自分」を出すチャンス！

私は医者になって、多くの人の肉体的な苦しみを、解決してあげたいと思っていました。

しかし、肉体的な苦しみが解決しても、本当に幸せにならないことがよくわかりまして、もっと根本的に人間を倖せにする、生長の家を選んだのです。医者がヘタでやめたのではありません。どんなに苦しい問題にぶっつかっても、皆様は決して絶望せず、これは私に解決することができるから与えられたのだ、と信じて、解決してください。必ず解決できるのです。

今与えられている問題を解決することによって、あなたの無限力が出てくるのです。スポーツの練習のようなものです。それを解決したら、あなたの実力が、何倍にもなって出てくるのです。

私も色々の問題にぶっつかって、それで鍛えられてきました。問題は「新しい自分」を自覚するためのものです。どんなことが起こってきても、皆様は神の子で、無限の可能性をもっているのです。心配することはありません。皆様は神の子ですよ。神の子は神ですよ。問題を解決したら、必ず新しい人生が待っています。新しい自分は、あなたの中で出してくれるのを待っているのです。苦しい問題こそ、新しい、素晴しい、自分を出すチャンスです。とてもダメだと思うような、問題こそ、最も素晴しい自分を引き出してくれるのです。

「自分は神の子である」と信ずるとき

自分が変わってしまった

私はとても神経質で、いつもクヨクヨと生活していましたが、自分では、良心的な人間だと思っていました。正しく生きようと思えば、どうしても、自分で自分を反省しないとなりませんので、反省しては自分を責めていたのです。

しかし、このような自分を、根本的に変えてくれたのが、生長の家の教えです。

先ず、

「人間は神の子である」

と教えられて、本当にビックリしました。さらに明るく生きなさい、と教えておられます。

しかし、簡単には実行できませんでした。それでも、『生命の實相』の素晴しさに魅せられて、繰り返し拝読していますうちに、いつのまにか、すっかり自分が変わってしまっていました。これは、生長の家の真理が素晴しいことと、谷口雅春先生の文章の力によるものです。

本当の明るさは、「真理」と「愛」と「知恵」とから来る

特に、終戦後満州で、平和な時だったらとても体験できないような問題にぶつかって、それを無事に切り抜けて、日本に帰ってくることができたのは、生長の家の真理が、自分と家族を無事に導いてくれたからでした。それによって、「どんなことが起こっても、必ずよくなる」と、身をもって体験して、心の底から真理の素晴しさを知りました。

どんなに苦しい時でも明るさを忘れてはいけない、ということを知っていましても、現実にはつい暗い気持になってしまいそうでしたが、そんな時こそ、自分の信

仰がどの程度のものかを、試すよい機会でした。

「本当の明るさは、常に「真理」と「愛」と「知恵」とから来るのである」と『生命の實相』第十五巻に教えておられます。自分は神の子である、という根本真理を忘れたら、必ず取り乱します。

ピストルを頭に突きつけられても、私は神の子である、心配ない、と信ずる訓練をさせられました。はじめは明るい顔をしようと思っても、顔が引きつってしまいました。しかし、数回体験しますと、できるようになりました。それで私は救われたのです。この体験が、私の信仰を本物にしてくれたのです。ですから、嫌な、苦しい体験こそ、本物の自分を引き出してくれるものだ、と知りました。

人生を幸せにする教え

『生命の實相』第二十一巻に、

「実相一元、光明一元、迷いも闇も本来存在しないという極めて明るい朗々たる人生観が生長の家の特徴なのであります」

と教えておられることをわからせていただき、母のおかげで生長の家に導かれたことを、つくづく母に感謝し、教えをお説きくださった、谷口雅春先生に、ただただ感謝しています。

こんな素晴しい、明るい、人生を幸せにする教えがあるのに、それを知らずに苦しんでいる人がいることを思えば、一人でも多くの人に生長の家を知らせてあげたい、と思う心でいっぱいです。

真理を知り、体験をして、はじめて、その真理の素晴しさを知ることができるのです。いつ何処でも、どんなことが起こっても、聖経『天使の言葉』の中の、

「人は神の子にして其の他の何者にも非ざるなり」

という聖句を、思い出してください。

「神の子」の自分を自覚すると

明るい心をもつ

明るく生きるために最も大切なことは、「明るい心」をもつことです。自分の心が、明るくなくては、明るく生きることはできません。ですから、いつも、「明るい心」でいることが、明るく生きるために、一番大切なことです。

ところが、口でいうのは簡単ですが、いつも「明るい心」でいようと思っても、つい腹が立ったり、悔しくなったり、一所懸命にこらえたり、自分の思うとおりにならなかったりして、いつの間にか心が明るさを失っていることがよくあります。

生長の家の目的

私は、「生長の家」の教えにふれて、「生長の家」誌の中に、人類光明化運動と書いてあるのに驚きました。自分だけを明るくするのではなく、人類全体を明るくするのが、生長の家の目的であるのです。

東京へ来て、谷口雅春先生のお宅へまいりまして、お話をしている時に、奥様が話のなかで、『生長の家』誌が、まだ千部も出ていないのに、先生は、人類を光明化する、とお書きになっておられるのよ」と、笑いながら言われたことを、今でも覚えています。

その時、先生はニコニコと笑いながら、黙って聞いておられました。私は、まだ千部しか出ていない時に、既に、人類を明るくする運動として生長の家は出発したのだと知り、なんとも言えない、生長の家の素晴らしさを感じ、新しい希望と喜びがわきあがって、明るい心になりました。

谷口雅春先生の、生長の家の教えを人類に伝えて世界を明るく明るくしようという大きい大きい夢を描いてお始めになったこの人類光明化運動が、（ブラジルでは、既に二百万を越える信徒がいるのですから）どんどん実現しています。

この、心を明るくするには、まず「自分が神の子である」と自覚することが大切です。われわれが明るくなれない一番大きな原因は、無明《まよい》なのです。ですから、無明《まよい》がなくなれば、誰でも明るくなれます。

聖経『甘露の法雨』の中に、

「真相を知らざるを迷と云う」

とハッキリ教えておられます。

また、

「完全円満の生命の実相をさとらざるが故に無明《まよい》と云う」

とも教えておられます。

忘れてはならない自分の本質

私たちは、自分の本質が神の子であり、完全円満なのである、ということを忘れるから明るくなれないのです。

どんなことが起こっても、自分は神の子であり、それを解決する力があるのだ、とわかればいつでも明るくなれます。

しかし、そのような気持になるのはなかなか難しい、と思われるでしょうが、その方法を教えているのが、生長の家であります。

私は、戦後、満州から引きあげてきました。もうダメだ、と思ったことが何回もありましたが、生長の家の真理を教えて戴いていましたので、自分でも不思議なくらい、いつも明るい心で問題を切り抜け、無事に帰ってくることができました。今、考えても不思議です。それは、生長の家を信じていたおかげ、としか思えません。本当に、その時その時、不思議に素晴らしい知恵が湧いて出てくるのです。

この体験によって、私は平常な時にはめったにできない経験をし、しかも明るい心で切り抜けてきました。

後で、こんな力が自分にあったのかと、驚きました。そして、「自分は神の子であった」と、身をもって教えられました。

「祈り」の生活

心で思うことが現れる

私は、『生命の實相』によって「心の法則」を教えられました。そんな法則は、医科大学でも教わったことがありませんでしたから、最初は驚き、疑ったものです。しかし、これは現実に実証できることなのです。次第に、正しい法則であることがわかるようになりました。

「心の法則」とは、簡単にいうと、「心で思ったことが現象に現れる」ということです。ここでいう「心」とは、精神分析学でいうところの「潜在意識」のことです。『生命の實相』には「奥底の心」とも書かれています。表面の心で「健康になりたい」と思うときは、「奥底の心」で「健康ではないから」と思っていますし、「あの人と仲良くなりたい」と思うときは、「あの人とは仲良くないから」と思っているものです。

「奥底の心」で念じる

谷口雅春先生は、新選谷口雅春選集11『叡智の斷片』（日本教文社刊）の中で、〝祈り〟についてこう教えておられます。

「『祈《いのり》』とは『生命《いのち》で宣《の》べる』事であって、心の底深くに念ずる想いが祈りである。かならずしも神仏の前に平身低頭する事ではないのである」（139頁）

祈りとは、「奥底の心」で想い念じることです。そして、「心の法則」でいくと、「心（奥底の心）で思ったことが現象に現れる」のです。いくら表面の心で「健康になりたい」「仲良くなりたい」と思っても、心の底深くで「私は健康ではない」「あの人とは仲が良くない」と思っていれば、そちらが現れてきます。従って、表面の心で願っていることは実現しない、ということになるのです。「とかくこの世はままならぬ」と、よく言われますが、奥底の心で念じていることが現れて、表面の心で思った通りにならないので、このように言われるのでしょう。

思い通りの人生を歩みたいと思っているのなら、「奥底の心」すなわち、潜在意識を応用することが大切なのです。

神想観を実修しましょう

しかし、潜在意識というのは、自分の心でありながら、自分では気がついていない心のことです。それを応用するのはなかなか難しいと思われるでしょう。そこで、「正しく祈る」ことが重要になってきます。それでは、「正しい祈り」とは、どうすればよいのでしょうか。

『生命の實相』第六巻には、「正しい祈りとは実にこの『わたしは神の子です』との息宣《いのり》であります」(16頁)

とあります。一つひとつ細かいことを祈るのではなく、ただ「私は神の子です」と、潜在意識で強く自覚すること。それが全ての鍵です。なぜなら、全智全能の神様の子どもに、病気や不幸はあり得ないのですから。そして、その自覚を深めるために、生長の家では神想観を教えています。

私は、神想観が好きになれず、最初はなかなか実修しませんでした。が、練成会の責任者になり、しかたなくやり始めました。すると、だんだん「私は神の子」という自覚が増して、健康になり、病気をしなくなったのです。

きちんと座って神想観を実修することはもちろん、道を歩きながらや電車の中、あるいは仕事場など、どこででも、神想観をしているときと同じ気持で、「私は神の子だ」と繰り返し繰り返し、想い念じ続けてください。必ず生活が調い、思い通りの素晴しい人生になります。

〝生命〟こそ自分

自分自身を礼拝する

『生命の實相』の第一巻の、いちばん最初に「七つの光明宣言」の解説が書かれています。

この宣言の第一は、

『吾等は宗派を超越し生命を礼拝し生命の法則に随順して生活せんことを期す』です。これは第一条ですから、生長の家としては、最も大切なことが宣言されていると思います。この宣言は三つに構成されています。すなわち、「宗派を超越する」「生命を礼拝する」「生命の法則に随順して生活する」です。

「宗派を超越する」ということは、他の宗教にはない生長の家の特徴で、今まで家代々信じていた宗教を、やめなくてもよいということで、これまで全然なかったユニークな宗教であることを、まず宣言してあります。

次の「生命を礼拝する」ということは、生長の家を信ずる者が、まず最初に心掛けなければならない、最も大切なことの一つであります。では、その礼拝しなければならない「生命」とは何か……『生命の實相』の第一巻の4頁に、

「自分は生きているという事実はとりもなおさず自分自身が『生命』であるということであります」

とハッキリ書かれています。そして、

「そこでわれわれが『生命』を礼拝すると申しますれば自分自身を敬い拝むことになるのであります」

こう書かれています。

私がここに気がついたのは、五十回以上も拝読した時でした。つまり「『生命』とは自分自身のことである」のですから、生長の家の教えの根本は、自分自身を礼

拝することであります。それは、「人間は神の子である」と教えられていますから、自分が神の子であれば、自分を礼拝するのは、当然のことであります。

生きる喜びが増す

また同書5頁に、「自分自身が尊いということが解らねば自分と同じ一個の生命であるところの他人を尊ぶべきゆえんも、その本源である神を尊ぶべきゆえんも解らなくなるのであります」と教えておられます。

私自身も、自分が神の子であると、教えられるまでは、親に感謝もできないし、神も信じられませんでした。聖経を拝読しますと、『甘露の法雨』の「実在」のところに、「生命は生を知って死を知らず」と教えてありまして、生命を自分とおきかえて、読みますと、自分が永遠の生命である喜びが、湧き出てきます。

さらに聖経『天使の言葉』のはじめにある、「『久遠生命』の神示」のなかには、

「生き通しであるのは、斯くならしめている『生命』のみである。『生命』のみが吾れであり汝であり、そのほかに吾れも汝もないのである」

と示しておられます。このように、自分が生命である、と教えられますと、私の人生が変わってきました。神想観の時に、ウワノソラで唱えていた招神歌の、「吾が生くるは吾が力ならず、天地《あめつち》を貫きて生くる祖神《みおや》の生命《いのち》」この一句が、自分の魂の底にしみこみ、ただ理屈ではなく、生きる喜びが、感じられるようになりました。

「自分が生きているのではない、神が生きておられるのだ」

この自覚ができれば、善いことだけが現れる世界であるとわかり、生きていることがただただ嬉しく、楽しく、明るくなります。そして、自分の周囲の人々にも、その喜びを与え、喜んでもらいますと、生きがいを感じ、ますます、生きる喜びが増します。

〝新しい自分〟の発見

何のために生まれたのか？

新しい自分を生きるためには、まず、新しい自分を発見しなければなりません。私の体験から申しますと、私は自分をツマラナイ人間だと思い込んでいました。学校の成績も良くないし、高校、大学の入学試験にあわせて三回も失敗していまして、とくに自分がすぐれていると思える長所もありませんでした。

しかし、そんな自分が病気で死にかかった時、不思議に「死にたくない」という思いがこみあげてきました。そして、その時にはじめて、「私は何のために生まれてきたのか、人生の目的は何か？」などと、それまで考えたこともなかったことを考えました。が、全然わかりません。

幸いに、母が生長の家の信者でしたので、『生命の實相』は家にありました。それまでは、すすめられても読まなかった私でしたが、死にかかって、治った私は、『生命の實相』を読みはじめました。今、考えても不思議なのですが、これは神の導きであったと私は信じています。死ぬような病気という、私にとってはまことに嫌な、苦しい体験でしたが、その出来事が後から考えてみますと、私を本当の幸福に導いてくれたのです。ですから、チョット考えると、自分にとって不幸なことのように思えることが、本当は、神の導きであることもある、と私は信じています。

無限の可能性に驚く

『生命の實相』を読んで、「人間は神の子であり、無限の可能性がある」という教えを読んで、私はビックリしました。これこそ私の無限の「新しい自分」の発見でした。はじめは、「わかった。けれど……」と、実行できませんでしたが、文章の力と真理の力で、段々と本当に信ずるようになり、『生命の實相』を繰り返し繰り返し拝読しているうちに、少しずつ真理を実行できるようになったのです。神想観もできるようになり、朝早く起きることもできるようになると、私の生活全体が変わってきました。

後から考えてみますと、谷口雅春先生の随行をさせていただき先生の御生活に接して、だんだんと本当の生長の家の教えがわかってきたからなのです。とにかく、『生命の實相』を繰り返し拝読し、その中の出来ることから、一つ一つ実行してみることです。

悪いことは言わない、から実行

私は、いっぺんに全部実行しようと思わず、悪いことは言わない、という一つの簡単なことから実行してみました。一つ実行してみますと、生活全体が随分かわります。私は人の欠点をみて、それをなじる癖がありましたので、よい所を探して誉めるということを実行しようと思いました。努力しますが、医者をしていた私にはとても難しいことでした。しかし、少しでも実行できると人との接触が変わってきました。すると、それまでとはちがった人々との友情が生まれたことに、吾れながら驚きました。

生長の家の教えを生活の中で実行するということは、とても難しいことのように思いますが、今できる簡単なことから実行してみてください。まことに楽しいことなのです。みなさまが一つ実行すれば、それだけでも良いことがやってきます。あまり難しく考えずに、いま出来る簡単なことから実行してください。グチをこぼさないという簡単なことでも、素晴しいことです。朝、家族の人々に、明るい声で「おはようございます」と言うことでも、一家を明るく、楽しくします。

先祖に感謝しましょう

霊魂とは?

先祖を敬い、先祖に感謝する、という心は、母の感化で、なんとなく持っていた私ですが、さて、それでは先祖とは、霊魂とはと、考えてみましても、よくわかりませんし、霊魂なんて本当にあるのか、と疑いをもっていました。大体、医科大学を卒業するまで、学校で、そんなことを、教えられたことは、一度もありませんでした。

『生命の實相』を読んで、霊界のことを教えられ、初めて祖先のことが、わかりました。それから、先祖への、敬い、感謝の心が、本当に、実感としておこってき

ました。特に、聖経『天使の言葉』のなかに、
　肉体を去りたる『念』は、
　その念の力にてなお一つの個性を持続し、
　幽界に於いて生活《いとなみ》をつづけん。
　汝らの霊魂と称するもの是にして……
と、ハッキリ霊魂のことを、教えてあります。私は、ずいぶん長いこと、聖経を拝読していますが、二十年もたって、初めて霊魂のことを、こんなに簡明に、教えておられることに、気がつきまして、恥ずかしくなりました。そして、聖経は、ただ祖先のために読むのではなく、自分が真理を学ぶために拝読するものだ、とツクヅク教えられました。

先祖とは？

　それまで、なんとなく、先祖といえば、わかったつもりでいましたが、谷口雅春先生の、講習会をうけました時に、人間が一人生まれるためには、二人の親がいる、

その二人の親も、おのおの二人の親がいる、というように、数えてゆくと、三十代さかのぼると、一億の親がいないと、私たちは、この世に生まれてくることが、出来なかったのですよ、と言われたのを聞いて、ビックリしたことを、よく覚えています。

これは、親だけのことですから、親の兄弟その他の人を数えたら、これは大変な数になる、と本当に驚きました。

この肉体人間から、念が去ると、肉体は死んだ、ということになりますが、その肉体から去った念が、個性を持ち続けていて、幽界で生活しているのを、霊魂というのですから、肉体はないけれど、生きている時の、そのままの念《こころ》をもっている、と教えられますと、それまでと違って、先祖がとても身近に、感じられるようになりました。

供養

供養のなかで、最も尊いのは、法供養といって、真理を供養することである、と

教えられましたので、生長の家の聖経を供養することが、すばらしいことだと知りました。先祖に、生長の家の聖経を供養する時、

「只今から、供養いたします聖経は、皆様が、生前に、信じておられた宗教の真理を、現代語で書きました、万教に共通の、真理が説かれておりますので、お聞きいただいて、その真理を悟り、霊界において、より一層、高き霊層にお進みになり、ますますお幸せになられますことを、心からお祈り申し上げます」

と先祖に申し上げて、読誦するといいのです。先祖が、生きていた時の念のままで、幽界で生活している、とわかりますと、生きている人に言うのと同じように言えばいいと、わかりまして、とても先祖が親しく、身近に感じられ、感謝の心がおこり、とても楽しく、先祖供養をするようになりました。

自分の価値に目覚め使命感をもって生活するとき

その人でなければ出来ないことがある

『生命の實相』を読みまして、「誰でも、この世に生まれてきたのは、その人でなければ出来ないことがあるから、生まれてきたのである」と教えられ、「私には、私でなければ出来ないことがあるので、生まれてきたのだ」と知りまして、人生が変わりました。それまでの私は、自分は本当にツマラナイ人間だ、と思い込んでいましたので、素晴しいことは何一つ出来ませんでしたし、また、しようとも思いませんでした。

個人指導に来られる人で、「私なんか、生まれて来なければよかった」などと言う人がいますが、その言葉を聞くと、過去の私のような気がします。それで、「あなたが生まれてきたのは、あなたでなければ出来ないことがあるからこそ、生まれてきているのですよ」と言いますと、殆どの人はビックリするのです。

人は、誰でも、他人とは比較できない、その人でなければ出来ないことがあるからこそ、生まれてきているのです。世間が何と言おうと、誰が何と言おうとです。まず、私たちは、そのことがわからないと、生き甲斐を感じませんし、楽しくもありません。それがわかりますと、自分の価値に目覚め、どんなツマラナイように思っていた人生でも、生き甲斐を感じ、楽しくなります。

「神の子」である自分を尊んだとき

また、「人間は神の子である」と『生命の實相』で教えられ、ビックリして、その上に、「神の子は神だ」と教えられて、またビックリした私です。谷口雅春先生が、「犬の子は犬でしょう、猫の子は猫でしょう、それなら、神の子は神ですよ」と講話されたのを聞いて、体がシビレたような気がしました。

この私が神だなんて、と思いながら、先生の権威のある御言葉に打たれました。私が神であるならば、私自身を馬鹿にするようなことを考えることは、神を信じないことになるのだ、と思いました。自分で自分を尊ばなければ、と強く感動しました。そうすると、自分が生まれてきたのは、自分でなければ出来ないことがある、と信じられるようになりました。そして、神想観を続けているうちに、少しずつ、自分の使命と価値がわかるようになりました。

神が私をこの世に出し給うたのであれば、私でなければ出来ないことを与えておられるのだ、と信ずるようになりました。そして、私以外のすべての人も、その人でなければ、出来ないことがあるから、生まれてきているのだ、と信じられるようになりました。

使命感をもって生活すると

平凡な主婦でも、自分では気がついていないのですが、その人でなければ、出来ないことをしているのです。世界中に何億という女性がいても、お母さんは子どもにとっては、あなた一人しかいないのです。ご主人にとっては、妻のあなたでなければ出来ないことをしているのです。何でも、自分でなければ出来ないことをしているという、自惚れではなく、使命感をもって生活すると、楽しくなります。

日本人に生まれたことは、日本人でなければ出来ないことがあるからこそ、日本人として生まれてきたのです。それがわかれば、日本人としての誇りと生き甲斐が出てきます。『生命の實相』を読んで、初めて、私は日本人として生まれた喜びを感じて、嬉しくなりました。私たち日本人は、日本人でなければ出来ない使命があることを自覚して、世界のため、人類のために、それを果たすことが、自分の人生を楽しくすることです。

明るく生きるための鍵　[完]

明《あか》るく生《い》きるための鍵《かぎ》

発　行　平成12年8月15日　初版発行
　　　　平成28年4月10日　6版発行

著　者　徳《とく》久《ひさ》克《かつ》己《み》〈検印省略〉

発行者　岸　重人
発行所　株式会社 日本教文社
〒107-8674 東京都港区赤坂9-6-44
電話 03(3401)9111(代表)
03(3401)9114(編集)
FAX 03(3401)9118(編集)
03(3401)9139(営業)
頒布所　一般財団法人 世界聖典普及協会
〒107-8691 東京都港区赤坂9-6-33
電話 03(3403)1501(代表)
振替 00110-7-120549

印刷　東港出版印刷株式会社
製本　牧製本印刷株式会社

ISBN978-4-531-06351-2